高等职业院校新能源汽车技术专业新形态教材

XINNENGYUAN QICHE
WEIHU YU GUZHANG ZHENDUAN

新能源汽车维护与故障诊断

闫亚林　苗　胜　**主　编**

杨敬江　林　辉　何俊杰　**副主编**

邵立东　**主　审**

人民交通出版社股份有限公司

北　京

内 容 提 要

本书是高等职业院校新能源汽车技术专业新形态教材。全书共分为4个项目,主要内容包括:新能源汽车维护前期准备作业、新能源汽车维护作业、新能源汽车故障诊断与数据分析、新能源汽车常见故障诊断。

本书突出实践操作,注重培养学生的实践技能,可用作高等职业院校新能源汽车技术及其他相关专业的教学用书,也可作为新能源汽车技术人员及相关专业师资的培训教材。

图书在版编目(CIP)数据

新能源汽车维护与故障诊断/闫亚林,苗胜主编
. —北京:人民交通出版社股份有限公司,2023.6
ISBN 978-7-114-18765-0

Ⅰ.①新… Ⅱ.①闫…②苗… Ⅲ.①新能源—汽车—车辆修理—高等职业教育—教材②新能源—汽车—故障诊断—高等职业教育—教材 Ⅳ.①U469.707

中国国家版本馆 CIP 数据核字(2023)第 077315 号

书　　名:新能源汽车维护与故障诊断
著　作　者:闫亚林　苗　胜
责任编辑:时　旭
责任校对:孙国靖　刘　璇
责任印制:张　凯
出版发行:人民交通出版社股份有限公司
地　　址:(100011)北京市朝阳区安定门外外馆斜街3号
网　　址:http://www.ccpcl.com.cn
销售电话:(010)59757973
总 经 销:人民交通出版社股份有限公司发行部
经　　销:各地新华书店
印　　刷:北京市密东印刷有限公司
开　　本:787×1092　1/16
印　　张:11.25
字　　数:256千
版　　次:2023年6月　第1版
印　　次:2023年6月　第1次印刷
书　　号:ISBN 978-7-114-18765-0
定　　价:48.00元

(有印刷、装订质量问题的图书,由本公司负责调换)

Preface 前言

为贯彻落实《交通强国建设纲要》相关领域的目标任务,根据《交通运输部关于开展交通强国建设试点工作的通知》(交规划函〔2019〕859号),经交通运输部批复,人民交通出版传媒管理有限公司主持开展"交通职业教育核心课程教学资源优化"交通强国建设试点任务。"交通职业教育核心课程教学资源优化"旨在贯彻落实《交通强国建设纲要》精神和国家职业教育教学改革精神,深化产教融合,整合人民交通出版传媒管理有限公司和相关院校既有优势,遴选建成一批更加适应现代交通职业教育教学需求、体现行业发展和时代特点的高质量创新性教材和数字化教学资源,助力构建高质量教育体系,为培养素质优良的知识型、技能型、创新型劳动者提供坚实的支撑。

本套高等职业院校新能源汽车技术专业新形态教材为遴选后的优质教材,其聚焦核心课程,贯彻国家职业教育教学改革精神,深化产教融合、校企合作,体现课程思政,融通"岗课赛证",以真实生产项目、典型工作任务、案例等为载体组织教学单元,教学设计完整、恰当,内容深入浅出、图文并茂,为纸数融合的新形态教材。

《新能源汽车维护与故障诊断》一书以吉利几何A-PRO车型为例进行编写,全书主要包括新能源汽车维护前期准备作业、新能源汽车维护作业、新能源汽车故障诊断与数据分析、新能源汽车常见故障诊断共4个项目。本书具有以下特点:

(1)编者进行了大量实地走访,深入职业院校的教学一线和汽车4S店、汽车修理企业的一线工作岗位,在听取行业专家意见的基础上,教材内容与教学标准紧密衔接,融入产业发展的新技术、新工艺、新方法,反映典型新能源汽车岗位(群)职业能力要求。

(2)整合新能源汽车职业技能等级认证"1+X"证书、低压电工证与教材相关知识点,实现课程标准与职业标准的融合。

(3)选取职业技能大赛中的典型故障诊断案例,实现"岗课赛证"融通。

(4)注重图文并茂,采用大量的电路图、结构图、实物图,配合文字进行讲解直观易懂。

(5)采用"互联网+职业教育"思维创新模式,配有丰富的数字化资源,配有电子课件、视频资源,将教材、课堂、教学资源三者融合,实现线上线下相结合的教材新模式,便于学生自主学习。

本书由杭州职业技术学院闫亚林、杭州市临平职业高级中学苗胜担任主编,由杭州职业技术学院杨敬江、林辉、何俊杰担任副主编,由杭州职业技术学院邵立东担任主审。参与编写的还有吉利汽车研究院的芦克龙,杭州市汽车高级技工学校的许强,杭州职业技术学院的吕琳、余旭康、黄琴宝、张洪利、陈逸凡、孟迪、余烽锋,杭州市临平职业高级中学李昊等。

在编写本书的过程中,编者咨询了多位新能源汽车技术专家和一线技术人员,充分考虑了新能源汽车维护与故障诊断相关岗位对技术人员的知识要求、技能要求、素养(思政)要求,力求使职业教育与岗位需求有机结合,编者翻阅了车辆维修手册、电路图及相关技术规范等大量有关新能源汽车维护与故障诊断的文献资料,引用了大量原厂手册及文献资料,在此,向这些资料的作者表示衷心感谢。

由于编者水平有限,书中难免有疏漏与不当之处,恳请广大读者批评指正,以便进一步修改和完善。

编 者
2023 年 3 月

Contents 目录

项目一 新能源汽车维护前期准备作业 ································· 1
  任务 1　新能源汽车维护作业前场地要求与准备 ······················ 1
  任务 2　新能源汽车维护与故障诊断工具的使用 ······················ 8

项目二 新能源汽车维护作业 ····································· 26
  任务 1　新能源汽车首次及常见维护作业项目 ······················ 26
  任务 2　动力蓄电池及充电系统维护作业 ·························· 43
  任务 3　驱动电机及冷却系统维护作业 ···························· 51
  任务 4　空调系统维护作业 ······································ 61
  任务 5　底盘系统维护作业 ······································ 71
  任务 6　车身电气设备维护作业 ·································· 83

项目三 新能源汽车故障诊断与数据分析 ··························· 94
  任务 1　新能源汽车诊断仪使用及诊断数据分析 ···················· 94
  任务 2　新能源汽车故障诊断策略 ································ 110

项目四 新能源汽车常见故障诊断 ································· 121
  任务 1　新能源汽车不能上低压电故障诊断 ························ 121
  任务 2　新能源汽车不能上高压电故障诊断 ························ 131
  任务 3　新能源汽车无法交直流充电故障诊断 ······················ 142
  任务 4　新能源汽车无法制冷或制热故障诊断 ······················ 156
  任务 5　新能源汽车无法挂挡或行驶故障诊断 ······················ 165

参考文献 ·· 174

项目一
新能源汽车维护前期准备作业

任务 1　新能源汽车维护作业前场地要求与准备

任务引入

某客户来汽车 4S 店给自己的车辆做首次维护。假如你是一名新能源汽车维修技师，你将如何按照作业安全规范做好新能源汽车维护作业前场地准备呢？

任务要求

▶ **知识目标**
1. 熟悉新能源汽车维护作业安全规范；
2. 掌握新能源汽车维护作业场地要求。

▶ **技能目标**
1. 能够熟悉新能源汽车维护作业安全规范；
2. 能够掌握新能源汽车维护场地要求。

▶ **素养目标**
1. 培养学生的职业规范、安全意识和工匠精神；
2. 培养学生的职业道德和团队合作意识；
3. 培养学生的时间管理和自主学习能力。

知识储备

一、新能源汽车维护作业的安全规范

1. 维护作业的作用

新能源汽车在使用过程中，由于工作环境复杂，容易受到各种因素的影响，如各零部件会产生不同程度的磨损、变形、松动、老化、腐蚀、损伤，从而导致其功

新能源汽车维护作业的安全规范

能异常,甚至有可能危及行车安全。因此,在汽车行驶一定里程或时间后,应对汽车进行全面的维护,以降低机件磨损速度,减少运行故障,使汽车具有良好的使用性和可靠性,延长使用寿命,确保行车安全。

2. 维护作业的安全规范

由于新能源汽车动力系统采用高压设备,在进行新能源汽车维护时(尤其是对于高压系统进行维护时)一定要坚持"安全第一"的原则。新能源汽车的高压系统主要包括动力蓄电池、电机控制器、电动压缩机、PTC加热器、车载充电机、高压控制盒、DC/DC变换器、高压线束等。

(1)进行新能源汽车高压系统维护作业时,专业人员应具备低压电工特种作业操作证(上岗证),经专业培训合格后上岗。无关人员和未经过高压安全培训的人员,不得进行维护作业。

(2)进行新能源汽车高压系统维护作业时,必须由两人以上进行协同操作,其中一人操作,一人监护,专业人员应遵守安全操作规范。

(3)进行新能源汽车高压系统维护作业前,专业人员应穿戴高压防护用具(如绝缘手套、绝缘鞋、护目镜、安全帽等),使用具有绝缘防护功能的作业工具(如绝缘工具套装、绝缘棒等),不得佩戴金属饰品(如手表、戒指等),工作服内不得有金属物件(如金属钥匙等)。

(4)在新能源汽车维护过程中,应严格遵循先低压后高压、先常规项后高压项的顺序。

(5)进行新能源汽车高压系统维护作业前,应按照关闭车辆电源总控制开关、断开低压蓄电池正负极的顺序对车辆进行下电操作,并确认动力蓄电池高压输出线路系统的正负极电压低于36V,同时,测试绝缘阻值符合车辆维修手册规定后方可进行维护作业。当车辆维护作业完成后,应该按照车辆断电的逆向顺序(或按照车辆维修手册规定顺序)对车辆进行通电复位。

(6)当新能源汽车整车出现故障必须进行拖车时,一定要将挡位调至空挡,以防止驱动电机超速发电,高压击穿电机控制器和其他高压部件;当新能源汽车不能挂空挡或无法确定挡位时,必须卸下传动轴,并确保拖车车速低于15km/h。

二、新能源汽车维护作业前的场地要求与准备

在进行新能源汽车维护作业前,要对场地按照规范要求进行布置,其具体要求如下。

新能源汽车维护作业前的场地要求与准备

(1)场地要求通风良好、保持干燥、光线充足、地面平整宽敞,配有常用的维护工具,气路、电路完整安全。

(2)场地周边不得放置大功率电气设备,不得有易燃物品及与工作无关的金属物品。

(3)场地工作区域应设置警示隔离区和警示牌,警示牌、标线要清晰,且隔离距离要在正常范围内,同时,四周要拉起警戒线,禁止无关人员入内。

(4)场地工作区域需要有专用的高压防护工位。

(5)场地应配备消防及高压防护应急设备,如消防剪、消防沙、灭火器、防毒面罩、绝缘棒(勾)等;应确保消防设施有效,如灭火器应设置在位置明显和便于取用的地点,摆放稳固,灭火器箱不得上锁。

(6)车辆操作区域的地面要求铺设绝缘垫,为确保安全,在作业前应使用绝缘测试仪进行绝缘性能测试,当在车辆四周所测试的绝缘电阻大于500MΩ时,则说明符合绝缘要求。

(7)场地要求配备专用工具,且专用工具的安全防护等级要符合要求,其外观、性能要完好,摆放要整洁有序。

综合实践

新能源汽车维护作业前场地准备

一、准备工作

(1)实训场地:新能源汽车整车实训室(理实一体化实训室)。
(2)工具及车辆:作业工具套装、高压防护用具、检测工具、新能源汽车等。
(3)辅助资料:车辆维修手册、教材等。

二、实施步骤

1. 作业前现场环境检查

确保场地通风良好、保持干燥、光线充足、地面平整宽敞,配有常用的维护工具,气路、电路完整安全,周边不得放置大功率电气设备,不得有易燃物品及与工作无关的金属物品(图1-1)。

2. 安装车内四件套

用于车辆维护与故障诊断时的内饰保护装置四件套包括一次性座套、一次性脚垫、一次性转向盘套、一次性换挡杆套(图1-2)。

图1-1　新能源汽车维护作业现场环境　　图1-2　新能源汽车维护作业车内四件套

3. 检查驻车制动器及挡位位置

将挡位放置在P挡,打开电子驻车制动器,确保车辆无法起动,钥匙由实操人员保管(图1-3)。

4. 安放车轮挡块,固定车辆位置

按照对角线方向,分别在前后车轮位置安装车轮挡块(图1-4)。

图1-3　检查驻车制动器及挡位位置　　图1-4　安放车轮挡块

5. 在维修工位周围布置警戒带

设立隔离柱,布置警戒线,隔离间距保持在 1~1.5m(图1-5)。

6. 放置危险警示牌

张贴标注"高压危险""有电危险""禁止合闸"等警示牌,防止他人误碰(图1-6)。

图1-5 设立隔离柱,布置警戒线

图1-6 放置危险警示牌

7. 检查绝缘防护设备完好情况

(1)检查工装是否破损(图1-7)。

(2)检查绝缘鞋外观是否良好,是否有开胶断底等现象,如果有则更换(图1-8)。

图1-7 检查工装

图1-8 检查绝缘鞋

(3)检查绝缘手套外观是否龟裂老化,气密性是否良好(图1-9)。

(4)检查护目镜镜面是否有划痕裂纹,镜带是否松弛失效(图1-10)。

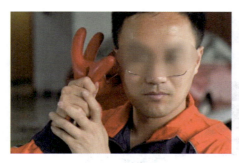

图1-9 检查绝缘手套

图1-10 检查护目镜

(5)检查安全帽外观有无破损,佩戴时必须紧固锁扣(图1-11)。

8. 检查绝缘维修工具

检查绝缘工具外观绝缘层是否破损,工具数量是否有缺失(图1-12)。

图1-11 检查安全帽

图1-12 检查绝缘维修工具套装

9. 测试绝缘垫的绝缘阻值,判断其是否符合要求

检查维修工位绝缘地垫是否破损脏污,若破损脏污严重,则停止维修作业,及时清理或更换绝缘地垫。首先进行绝缘测试仪自检,检查绝缘测试仪表笔是否破损折断,功能按钮是否正常显示(图1-13)。若自检结果良好,然后再对4个车轮处的绝缘地垫进行绝缘阻值测试(图1-14),若绝缘阻值不合格,则禁止维修作业。

图1-13 检查绝缘测试仪外观及功能

图1-14 测试绝缘地垫的绝缘阻值

(1)检查左前轮地面绝缘阻值为11GΩ;
(2)检查右前轮地面绝缘阻值为11GΩ;
(3)检查左后轮地面绝缘阻值为11GΩ;
(4)检查右后轮地面绝缘阻值为11GΩ。
经测试,4个车轮地面绝缘阻值均符合要求。

10. 铺设翼子板防护垫

铺设翼子板防护垫是为了防止在进行维护与故障诊断时划伤车漆。将维修工具车及工具放置在车辆左前方位置,检查翼子板防护垫等是否齐全(图1-15)。

图1-15 铺设翼子板防护垫

新能源汽车维护作业前场地准备

任务引入
某客户来汽车4S店给自己的车辆做首次维护。假如你是一名新能源汽车维修技师,你将如何按照作业安全规范做好新能源汽车维护作业前场地准备呢?
信息收集
新能源汽车维护作业中以"安全第一"为原则,因此,应遵循以下作业安全规范。 (1)进行新能源汽车高压系统维护作业,必须由_____人以上进行协同操作,其中一人_____,一人_____,专业人员应遵守安全操作规范。 (2)在新能源汽车维护过程中,应严格遵循先_____后_____、先常规项后高压项的顺序。 (3)场地要求_____、保持干燥、_____、_____,配有常用的维护工具,气路、电路完整安全。 (4)场地工作区域应设置_____和_____,警示牌、标线要清晰,且隔离距离要在正常范围内,同时四周要拉起警戒线,禁止无关人员入内。 (5)车辆操作区域的地面要求铺设_____,为确保安全,在作业前应使用绝缘测试仪进行绝缘性能测试,确保符合绝缘要求。
计划与决策
(1)小组成员针对各自的工作计划展开讨论,并选出最佳工作计划。 (2)专业教师对各小组提交的工作计划进行点评。 (3)各小组成员根据专业教师的评价,对工作计划进行调整,调整后的工作计划即为最终实施方案。
任务准备
1. 车辆作业前预检

车辆 VIN 码	
车辆外观	□正常 □划痕 □破损 其他说明_____
车辆内饰	□正常 □划痕 □破损 其他说明_____

2. 高压安全作业前期准备

名称	现有状况			应对策略		
绝缘手套	□正常	□破损	□脏污 □过期	□更换	□维修	□清洁
绝缘鞋	□正常	□破损	□脏污 □过期	□更换	□维修	□清洁
护目镜	□正常	□破损	□脏污 □过期	□更换	□维修	□清洁
安全帽	□正常	□破损	□脏污 □过期	□更换	□维修	□清洁
绝缘工具套装	□正常	□破损	□脏污 □过期	□更换	□维修	□清洁
绝缘地垫外观	□正常	□破损	□脏污 □过期	□更换	□维修	□清洁
绝缘地垫绝缘阻值	□正常	绝缘阻值_____		□更换		
隔离栏	□正常	□破损 □脏污		□更换	□维修	□清洁
警示牌	□正常	□破损 □脏污		□更换	□维修	□清洁
灭火器	□正常	□过期		□更换		

续上表

任务实施

序号	项目	具体操作记录
1	作业前现场环境检查	
2	安装车内四件套	
3	检查驻车制动器及挡位位置	
4	安装车轮挡块,固定车辆位置	
5	在维修工位周围布置警戒带	
6	放置危险警示牌	
7	检查绝缘防护设备完好情况	
8	检查绝缘维修工具	
9	测量绝缘垫的绝缘阻值,并判断其是否符合要求	
10	铺设翼子板防护垫	

总结评价

请根据自己在任务实施中的实际表现进行自我评价。
自我评价：

任务考核评价表

项目	评分标准	配分	得分
任务引入	明确工作任务（新能源汽车维护作业前场地准备）	5	
信息收集	新能源汽车维护作业安全规范	10	
	掌握新能源汽车维护作业场地要求	10	
计划与决策	制定新能源汽车维护作业前场地准备计划	5	
	结合最终计划能协同小组成员进行任务分工	5	
任务准备	完成车辆作业前预检	5	
	完成高压安全作业前期准备	5	
任务实施	检查车辆停放位置是否合适	5	
	正确安装车内四件套	5	
	检查驻车制动器及挡位位置	5	
	正确安放车轮挡块	5	
	在维修场地周围布置警戒带	5	
	放置危险警示牌	5	
	检查绝缘防护设备完好情况	5	
	检查绝缘维修工具完好情况	5	
	测试绝缘垫的绝缘阻值	5	
	正确铺设翼子板防护垫	5	
总结评价	能够对自己在任务实施中的表现综合评价	5	
	总分	100	

新能源汽车维护与故障诊断

任务2　新能源汽车维护与故障诊断工具的使用

任务引入

某客户来汽车4S店给自己的车辆做首次维护。假如你是一名新能源汽车维修技师,你需要提前做好哪些维护与故障诊断工具的准备呢?

任务要求

▶ **知识目标**
1. 掌握新能源汽车维护与故障诊断高压防护用具;
2. 掌握新能源汽车维护与故障诊断测量诊断工具;
3. 掌握新能源汽车维护与故障诊断其他作业工具。

▶ **技能目标**
1. 能够熟练掌握新能源汽车维护与故障诊断高压防护用具的使用;
2. 能够熟练掌握新能源汽车维护与故障诊断测量诊断工具的使用;
3. 能够熟练掌握新能源汽车维护与故障诊断其他作业工具的使用。

▶ **素养目标**
1. 培养学生的职业规范、安全意识和工匠精神;
2. 培养学生的职业道德和团队合作意识;
3. 培养学生的时间管理和自主学习能力。

知识储备

高压安全防护用具的使用

一、高压防护用具

高压防护用具主要有绝缘手套、护目镜、安全帽、维修工服、绝缘鞋(靴)、绝缘地垫等。

1. 绝缘手套

绝缘手套是一种带电作业时戴的起到电器绝缘作用的手套(图1-16),它可以使人的双手与带电体绝缘,防止双手触及同一电位带电体或触及不同电位带电体而触电。

1)绝缘手套的分类

根据所用的原料不同,绝缘手套可分为天然橡胶绝缘手套和合成橡胶绝缘手套两大类(图1-17和图1-18)。

2)绝缘手套的标记

绝缘手套的每只手套上必须有明显且持久的标记,内容包括标记符号、使用电压等级/类别、制造单位或商标、规格型号、周期试验日期栏、检验合格印章、贴有经试验单位定期试验的合格证等信息(图1-19)。

图1-16 绝缘手套

图1-17 天然橡胶绝缘手套

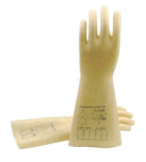
图1-18 合成橡胶绝缘手套

3)绝缘手套的使用要求

(1)使用经检验合格的绝缘手套。绝缘手套应每6个月检验1次。

(2)佩戴前还要对绝缘手套进行气密性检查。具体方法:将手套从口部向上卷,稍用力将空气压至手掌及指头部分检查上述部位有无漏气。如有,则不能使用(图1-20)。

(3)使用时注意防止尖锐物体刺破手套。

(4)使用后注意存放在干燥处,并不得接触油类及腐蚀性药品等。

图1-19 绝缘手套的标记

图1-20 绝缘手套的气密性检查

(5)绝缘手套使用前应进行外观检查。如发现有发黏、裂纹、破口(漏气)、气泡、发脆等损坏,应禁止使用。

(6)进行设备验电、放电操作、装拆搭铁线等工作时,应戴绝缘手套。

(7)使用绝缘手套时应将上衣袖口套入手套筒口内,绝缘手套的长度至少应盖过袖口10cm(图1-21)。

(8)不能用医疗手套或化工手套代替绝缘手套使用。

2. 护目镜

护目镜是新能源汽车维修工作中必不可少的一种防护工具(图1-22)。由于在接触高压部件时会发出电弧光,其热度高、亮度大,会直接对眼睛造成伤害。

电弧光照射到眼睛上,会造成眼球表面细胞组织的损伤,使表皮细胞脱落,损害眼睛表层的保护膜,眼睛会感到像刀割一样的疼痛,进而会有流眼泪、睁不开眼、怕光的症状。

图 1-21　袖口套入手套筒内

图 1-22　护目镜

图 1-23　正确佩戴护目镜

佩戴护目镜的注意事项如下:

(1)选择护目镜时,应根据脸型选择合适的型号。

(2)可调节护目镜头带,以调整其与面部的合适程度,如图 1-23 所示。

(3)要选用经产品检验机构检验合格的护目镜产品。

(4)镜片磨损、镜架损坏会影响操作人员的视线,应及时调换。

(5)护目镜要专人专用,防止传染眼疾。

(6)焊接操作要按规定作业需要选用和更换护目镜的滤光片和保护片。

(7)防止重摔重压,防止坚硬的物体摩擦镜片和面罩。

(8)在特殊情况下,可佩戴其他眼镜(如近视镜)来替代护目镜。

3. 安全帽

安全帽作为一种个人头部防护用品(图 1-24),能有效地防止和减轻操作人员在生产作业中遭受坠落物体或自己坠落时对人体头部的伤害,如果佩戴和使用不正确,会导致安全帽在受到冲击时起不到防护作用。

安全帽的佩戴规范如下:

(1)戴安全帽前应将帽后调节带按自己的头型调整到适合的位置,然后将帽内弹性带系牢(图 1-25)。

图 1-24　安全帽

图 1-25　正确佩戴安全帽

(2)安全帽内缓冲衬垫的松紧由带子调节,人的头顶和帽体内顶部的空间垂直距离一般为25～50mm,以不小于32mm为好。

(3)不要把安全帽歪戴,也不要把帽沿戴在脑后方。

(4)安全帽的下颌带必须扣在颌下并系牢,松紧要适度。

(5)在现场作业中,不得将安全帽脱下、搁置一旁或当坐垫使用。

(6)平时使用安全帽时应保持整洁,不能接触火源,不要任意涂刷油漆。

4. 维修工服

维修工服不仅是维修技师所穿的衣服,而且它在给新能源汽车操作人员提供安全保障的同时,还能反映员工的精神风貌,体现企业的文化内涵,提升企业形象。

维修工服的选择标准如下:

(1)面料选择。维修工服应当选择防静电、耐摩擦的面料(图1-26)。

(2)工服要求。工服要求是收口的,下摆、袖口、裤脚都可以扣起来,能有效减小衣服卡入车辆缝隙中的概率,提高作业安全性(图1-27)。

(3)颜色选择。维修工服色泽以深色为宜(图1-28)。

图1-26 面料选择

图1-27 收口设计

图1-28 颜色选择

5. 绝缘鞋(靴)

绝缘鞋(靴)的作用是使人体与地面绝缘,防止电流通过人体与大地之间构成通路,对人体造成电击伤害,把触电时的危险降低到最小程度;它还可防止试验电压范围内的跨步电压对人体造成的危害。

绝缘鞋(靴)按耐压范围不同,有20kV、6kV和5kV几种,使用时需根据作业范围选择(图1-29和图1-30)。

图1-29 绝缘鞋

图1-30 绝缘靴

1)绝缘鞋的使用注意事项

(1)主要技术参数:试验电压为6kV、泄漏电流不大于1.8mA、时间为1min时不击穿。

（2）耐压6kV牛革面绝缘鞋适用于工作环境电压在1kV以下。

（3）穿用绝缘鞋时，在工作环境中应保持鞋面干燥。

（4）应严禁与锐器、高温、酸、碱类或其他腐蚀性物品接触，凡帮底有腐蚀、破损之处，均不能再以绝缘鞋使用。

（5）应存放在干燥通风仓库内，防止霉变，堆放离开地面、墙壁0.2m以上。

（6）储存期超过24个月的绝缘鞋，须进行预防性电性能检验。

2）绝缘靴的使用注意事项

（1）使用前应做外观检查，如有破损应停止使用。

（2）检查是否在合格期内，是否符合规定要求。

（3）绝缘靴应存放在专门的木架上和干燥、阴凉处，切记不得把绝缘靴作耐酸、耐碱和耐油靴使用。

（4）必须按规定进行定期试验。

6. 绝缘垫

绝缘垫（图1-31）一般铺在工作场地地面上，以便在带电操作时增强操作者的对地绝缘；绝缘垫还通常用来作为高压试验电气设备时的辅助安全用具。绝缘垫不得与酸、碱、油类和化学药品等接触，并应避免阳光直射或锐利金属件刺划，还要做到每隔半年用低温水清洗一次，也应按规定进行定期试验。

图1-31 绝缘垫

二、测量诊断工具

1. 数字万用表

1）万用表的组成和特点

万用表由表头、测量电路及转换开关3个主要部分组成（图1-32）。数字万用表主要特点是准确度高、分辨率强、测试功能完善、测量速度快、显示直观、过滤能力强、耗电省、便于携带。

2）万用表的使用方法

（1）电阻的测量。

①将量程开关拨至Ω挡的合适量程。

②将红表笔插入V/Ω孔，黑表笔插入COM孔。

③将黑表笔和红表笔分别接到被测器件两端，在显示屏上即可显示电阻值（图1-33）。

（2）交流直流电压的测量。

①将红表笔插入V/Ω孔，黑表笔插入COM孔。

②根据需要将量程开关拨至DCV（直流）或ACV（交流）的合适量程。

③将表笔与被测线路并联，在显示屏上即可显示电压值（图1-34）。

（3）交流直流电流的测量。

①结合实际情况将红表笔插入mA孔或A孔，黑表笔插入COM孔。

图1-32 万用表

常用测量诊断工具的使用

图 1-33　万用表测量电阻　　　图 1-34　万用表测量电压

②将量程开关拨至 DCA（直流）或 ACA（交流）的合适量程。

③将万用表串联在被测电路中,在显示屏上即可显示电流值(图 1-35)。

(4)万用表测量通断。

①将红表笔插入 V/Ω 孔,黑表笔插入 COM 孔。

②将量程开关拨至蜂鸣器挡位。

③将黑表笔和红表笔分别接到被测物两侧,当蜂鸣器发出蜂鸣声,说明被测线路或器件是好的;当蜂鸣器不发出蜂鸣声,说明被测线路或器件是坏的(图 1-36)。

图 1-35　万用表测量　　　　图 1-36　万用表测量通断
　　　　电流

3)万用表使用注意事项

(1)使用万用表前,应将转换开关指在 OFF 挡位置上。

(2)使用万用表时,不能用手接触表笔的金属部分,这样不仅可以保证测量的准确,还可以保证人身安全。

(3)使用万用表时,不能在测量过程中换挡,这样可避免万用表内部毁坏。如需换挡,应先断开表笔,换挡后再去测量。

(4)使用万用表完毕,应将转换开关置于 OFF 挡。

(5)如果长期不使用万用表,应将万用表内部的电池取出,以免电池腐蚀万用表内的其他器件。

2. 钳形电流表

1)钳形电流表的工作原理

钳形电流表又叫电流钳,是利用电流互感器原理制成的,分为指针式和数字式两种。钳形电流表实际上就是由一个开口式电流互感器和一个电流表组成（图1-37）。当被测电线从电流互感器中穿过时，被测电线电流产生的磁场会在电流互感器上感应出电流，然后通过电流表显示出来。被测电线电流越大，产生的磁场越强，从而在电流互感器上感应出来的电流越大，电流表读数也越大。

2）钳形电流表的使用方法

（1）检查钳形电流表外观是否破损，钳口是否能闭合紧密（如果外观破损，严禁使用）。

（2）根据被测电线电流大小来选择合适量程（如果不知道电流大小，就用最大挡先测一下，然后再换到相应挡位）。

图1-37　钳形电流表

（3）应按紧扳手，使钳口张开，将被测导线放入钳口中央，然后松开扳手并使钳口闭合紧密，以使读数准确（图1-38）。

（4）读数后，将钳口张开，使被测导线退出，将挡位置于电流最高挡或OFF挡。切记不可同时钳住两根导线。

3）钳形电流表使用注意事项

（1）测量前，应先检查钳形铁芯的橡胶绝缘是否完好无损。钳形电流表在使用过程中，钳口应清洁、无锈，闭合后无明显的缝隙。

（2）测量时，应先估计被测电流大小，选择适当量程。若无法估计，可先选较大量程，然后逐挡减小，转换到合适的挡位。

图1-38　钳形电流表的使用方法

（3）钳形电流表可以在不断开电源的情况下测量电流，但是转换量程挡位时，必须在不带电情况下或者将导线从钳口里拿出的情况下进行，以免损坏仪表。

（4）测量小电流（5A以下）时，为了降低测量误差、提高精确度，可以将被测导线绕几圈，然后将测量数值除以圈数就可以得到实际电流值。

（5）每次测量前后，要把调节电流量程的切换开关放在最高挡位，以免下次使用时，因未经选择量程就进行测量而损坏仪表。

（6）钳形电流表只限于在被测线路电压不超过500V的情况下使用。

3. 绝缘测试仪

1）绝缘测试仪的作用

绝缘测试仪由电池供电，可以测试交流/直流电压、绝缘电阻、搭铁耦合电阻等。下面以Fluke 1508绝缘测试仪为例，介绍其使用方法（图1-39）。

图1-39　Fluke 1508 绝缘测试仪

2）绝缘测试仪的使用方法

（1）将红色测试探头插入V孔，黑色测试探头插入COM孔。

（2）将旋转开关转至所需要的测试电压，可以选择1000V。

（3）将探头与待测电路连接，绝缘测试仪会自动检测电路是否通电。

（4）按住"测试"按钮开始测试。辅显示位置上显示被测电路上所施加的测试电压；主显示位置上显示高压符号，并以 MΩ 或 GΩ 为单位显示电阻。当电阻超过最大显示量程时，测试仪显示">"符号以及当前量程的最大电阻。

（5）观测显示屏显示的绝缘电阻值，若数值符合标准，则说明绝缘性良好（图1-40）。

3）绝缘测试仪使用注意事项

图1-40 绝缘测试仪的使用方法

（1）测试前，检查测试导线是否破损，如破损，请更换。
（2）用绝缘测试仪测量已知电压，来验证测试仪操作是否正常。
（3）应结合被测设备电压等级的不同，选用合适的绝缘测试仪。
（4）切勿在爆炸性气体或蒸汽附近使用绝缘测试仪。
（5）使用测试导线时，手指应保持在保护装置的后面。
（6）使用前，先测试导线的连通性，如果读数高或有噪声，则不要使用。

4. 轮胎测量工具

1）轮胎气压表

轮胎气压表是用来检测和调整轮胎气压的一种工具，它可以实时检测汽车轮胎，延长轮胎使用寿命，使行车更为经济，可减少悬架系统的磨损。

轮胎气压表的使用方法如下：

（1）校验轮胎气压表误差。
（2）取下轮胎气门嘴盖，将轮胎气压表的气门连接口垂直用力压入轮胎。
（3）根据车门侧的轮胎气压要求，调节轮胎气压（图1-41）。

图1-41 轮胎气压表的使用方法

（4）调节完毕后，将轮胎气门嘴盖盖回。
（5）轮胎气压表使用完毕后，按住放气阀门，使轮胎气压表指针归零。

2）轮胎花纹深度尺

轮胎花纹深度尺用来测量轮胎的厚度。一般来说，新轮胎的花纹深度为 8~10mm。轮胎花纹深度按以下标准检查（图1-42）：当轮胎花纹深度大于 3.5mm 时，表示轮胎处于良好的状态；当轮胎花纹深度处于 2.5~3.5mm 时，建议下次更换轮胎；当轮胎花纹深度小于 2.5mm 时，说明需要更换轮胎。轮胎花纹深度更换极限值为 1.6mm，这时纵贯胎面的"磨耗标记"胶条便会明显显露出来，表示应该马上更换轮胎。

5. 蓄电池内阻测试仪

1）蓄电池内阻测试仪的作用

蓄电池内阻测试仪采用交流放电测试方法，能够有效测量蓄电池两端电压和内阻，并以此判断蓄电池的容量和技术状态（图1-43）。

蓄电池内阻测试仪的使用方法

2）蓄电池内阻测试仪的使用方法

下面以 Fluke BTL10 蓄电池内阻测试仪测试一个单体蓄电池为例讲解具体使用方法。

a) 垂直测试　　　　　　　　　　b) 读取数据

图 1-42　轮胎花纹深度尺的使用方法

(1) 将 Fluke BTL10 引线插头与蓄电池内阻测试仪相连接(图 1-44)。

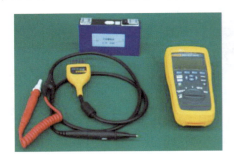 

图 1-43　蓄电池内阻测试仪　　　图 1-44　Fluke BTL10 引线插头与蓄电池内阻测试仪相连接

(2) 按住蓄电池内阻测试仪开机键,完成仪器开机(图 1-45)。
(3) 拔掉测试笔笔套(图 1-46)。

图 1-45　蓄电池内阻测试仪开机　　　图 1-46　拔掉测试笔笔套

(4) 将测试探头红表笔和黑表笔连接到被测蓄电池极柱两端,观察仪表显示界面(图 1-47)。
(5) 读取内阻值为 1.22mΩ,3.592VDC(图 1-48)。
(6) 关闭蓄电池内阻测试仪电源,按好测试笔笔套,收拾好工具(图 1-49)。

三、其他作业工具

1. 绝缘手柄拆装工具

绝缘手柄拆装工具采用绝缘材料进行加工,适用于电气系统拆装等操作,

其他作业工具的使用

包括力矩扳手、快速扳手、螺丝刀等（图1-50）。绝缘手柄拆装工具必须装有耐压1000V以上的绝缘柄。

图1-47　测试单体蓄电池的内阻值和电压值

图1-48　读取单体蓄电池的内阻值和电压值

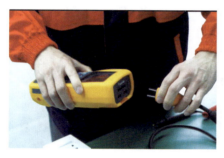
图1-49　整理蓄电池内阻测试仪

图1-50　绝缘手柄拆装工具

2. 绝缘棒

绝缘棒是保证人身安全的基本绝缘安全用具（图1-51），在进行直接与带电体接触的操作时必须使用，并且强调应有监护人的监护。绝缘棒在闭合或拉开高压跌落式熔断器和隔离开关、装拆携带式搭铁线，以及进行测量和试验时使用。

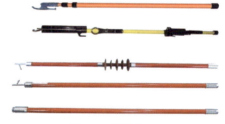
图1-51　绝缘棒

绝缘棒使用保管注意事项如下：

（1）操作前，棒面应用清洁的干布擦净。

（2）操作时应戴绝缘手套、穿绝缘靴或站在绝缘台（垫）上，并注意防止碰伤表面绝缘层。

（3）雨雪天气室外操作，应使用防雨型绝缘棒。

（4）按规定进行定期试验。

（5）应存放在干燥处所，不得与墙面、地面接触，以保护绝缘测试仪表面。

3. 遮栏

遮栏主要用来防护工作人员误碰带电部分或过分接近带电部分。在电气检修作业中，当工作位置与带电体安全距离不够时，遮栏可作为安全隔离措施（图1-52）。

遮栏分为围栏和围绳两种，用线网或绳子拉成的遮栏为临时遮栏。在设置的绝缘围栏和围绳（临时遮栏）上，必须设有"止步，高压危险"警告标志，以提高值班人员、工作人员的警惕。

a) 围绳　　　　　　　　　　　　　b) 围栏

图 1-52　遮栏

4. 举升机

举升机是新能源汽车维护与故障诊断作业中必不可少的车辆举升工具,常用的有单柱式举升机、两柱式举升机、四柱式举升机和剪式举升机(图 1-53)。

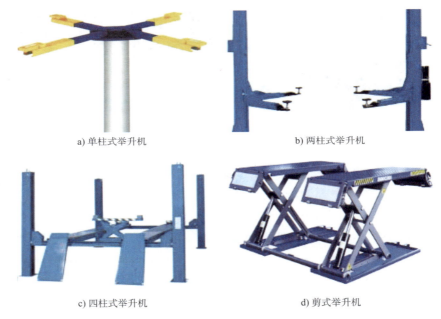

a) 单柱式举升机　　　　　　　　　　b) 两柱式举升机

c) 四柱式举升机　　　　　　　　　　d) 剪式举升机

图 1-53　举升机

1)举升机的使用方法

举升机顶起车辆时,一般需要两位专业人员配合完成。

下面以两柱式举升机为例介绍具体操作步骤。

(1)完成开机前准备工作检查,确保设备状态正常,打开设备电源。

(2)举升机每日第一次使用前,进行空载运行检查,如图 1-54a)所示。

(3)将举升机托臂降落在最低位置,方可将车驶入,车位朝向走道。

(4)调整托盘使其高度一致,将托臂调整移动至被托车辆的合适位置,再分别转动四个橡胶托盘,使其距车身位置均相等,再按上升按钮,如图 1-54b)所示。

(5)当车离地 10～15cm 时,停止升起,检查各支点是否牢固,车辆是否稳定,确定安全后,方可继续工作,如图1-54c)所示。

(6)汽车随着托臂上升时,随时观察保险钩的工作情况,不得有卡滞现象,如图1-54d)所示。

a) 空载运行检查

b) 检查托盘

c) 确定车辆是否牢固

d) 举升车辆并随时观察保险钩工作状态

图1-54 双柱式举升机的使用方法

(7)当汽车升至所需求的高度时,松开上升按钮即可停止上升。

2)举升机使用注意事项

(1)使用前,应清除举升机附近妨碍作业的器具及杂物,并检查操作手柄是否正常、举升机安装地脚螺栓是否紧固。

(2)操作机构灵敏有效,液压系统不允许有爬行现象。

(3)待举升车辆驶入后,应将举升机支撑块调整移动对正支撑点位置。

(4)支车时,四个支角或垫块应在同一平面上,调整支角胶垫高度使其接触车辆底盘支撑部位。

(5)举升时,人员应离开车辆,举升到车轮刚离开地面后,要在车辆前后杠处按压晃动汽车,确认支撑牢靠方可继续举升。

(6)达到需要高度时,必须插入保险锁销,并确保安全可靠后才可开始车底作业。

(7)举升机不得频繁起落,支车时举升要稳,降落要慢。

(8)车上或车下有人作业时,严禁升降举升机。

(9)发现操作机构不灵、电动机不同步、托架不平、液压部分漏油或锁止装置失灵时,应及时报修,不得使用此举升机操作。

(10) 作业完毕后，应清除杂物，打扫举升机周围，以保持场地整洁。

(11) 定期(半年)排除举升机油缸积水，并检查油量，油量不足应及时加注相同牌号的压力油。同时，应检查液压油缸、润滑状态、举升机传动齿轮、钢绳及传动轮等工作部件。

5. 灭火器

灭火器是一种可携式灭火工具(图1-55)。灭火器内放置化学物品，用以救灭火灾，是常见的防火设施之一。灭火器的种类，按其移动方式可分为手提式和推车式；按所充装的灭火剂分为干粉、泡沫、二氧化碳、清水等。

如果新能源汽车发生着火，可以选择使用干粉灭火器进行灭火。干粉灭火器内充装的是干粉灭火剂。干粉灭火剂是用于灭火的干燥且易于流动的微细粉末，它由具有灭火效能的无机盐和少量的添加剂，经干燥、粉碎、混合而成的微细固体粉末组成。干粉灭火器是利用压缩的二氧化碳将干粉(主要含有碳酸氢钠)吹出来灭火。

灭火器使用前一定要检查其是否在保质期内，保险销是否完好，压力表指针是否指在绿色区域。

图1-55 灭火器

综合实践

新能源汽车高压断电操作

一、准备工作

(1) 实训场地：新能源汽车整车实训室(理实一体化实训室)。

(2) 工具及车辆：作业工具套装、高压防护用具、检测工具、新能源汽车等。

(3) 辅助资料：车辆维修手册、教材等。

新能源汽车
高压断电操作

二、实施步骤

1. 电动汽车高压断电作业前场地及工具准备

1) 设立安全监护人、持证上岗

设立安全监护人，实操人员持有国家安全生产监督管理局颁发的特种作业操作证(低压电工证书)(图1-56)。若实操人员暂无证书，则实训教师必须在场指导，确保人身安全。

图1-56 设立安全监护人、持证上岗

2) 作业前现场环境检查(图1-57)

(1) 设立隔离柱，布置警戒线，隔离间距保持在1~1.5m。

(2) 张贴标注"高压危险""有电危险""禁止合闸"等警示牌，防止他人误碰

（3）检查维修工位绝缘地垫是否破损脏污，若破损脏污严重，则停止维修作业，及时清理或更换绝缘地垫。

a）设立隔离柱布置警戒线　　b）张贴警示牌　　c）绝缘地垫检查

图 1-57　作业前现场环境检查

3）作业前防护用具检查

（1）检查工装是否破损（图 1-7）。

（2）检查绝缘鞋外观是否良好，是否有开胶断底等现象，如果有则更换（图 1-8）。

（3）检查绝缘手套外观是否龟裂老化，气密性是否良好（图 1-9）。

（4）检查护目镜镜面是否有划痕裂纹，镜带是否松弛失效（图 1-10）。

（5）检查安全帽外观有无破损，佩戴时必须紧固锁扣（图 1-11）。

4）作业前仪表工具检查

（1）将维修工具车及工具放置在车辆左前方位置，检查三件套等防护套是否齐全（图 1-58）。

（2）检查绝缘工具外观绝缘层是否破损严重，工具数量是否有缺失（图 1-12）。

（3）检查万用表测试线束及表笔是否破损折断，功能按钮是否正常显示（图 1-59）。

图 1-58　检查工具箱、三件套　　图 1-59　检查万用表

（4）检查绝缘测试仪表笔是否破损折断，功能按钮是否正常显示（图 1-13）。

5）作业前车辆状态检查

（1）首先关闭车辆点火开关，将挡位放置在 P 挡，打开电子驻车制动器，确保车辆无法起动，钥匙由实操人员保管（图 1-3）。

（2）按照对角线方向，分别在前后车轮位置安装车轮挡块（图 1-4）。

（3）用醒目的黄黑胶带将车辆快充口、慢充口封闭（图 1-60）。

（4）测试绝缘地垫四个方位的绝缘阻值是否合格，若绝缘阻值不合格，则禁止维修作业（图 1-14）。

2. 高压断电操作流程

（1）断开低压蓄电池负极，并用绝缘胶带处理，并等待 5min 以上（图 1-61）。

图 1-60 封闭充电口

图 1-61 断开低压蓄电池负极

（2）断开动力蓄电池高压直流母线接插件，由于接插件为二级锁止，禁止越级徒手或强行蛮力断开（图 1-62）。

（3）用万用表测试电源侧及负载侧电压值，完成验电、放电操作，完成高压断电操作（图 1-63）。

图 1-62 断开动力蓄电池高压直流母线接插件

图 1-63 测试动力蓄电池高压直流母线端电压

任务工单

新能源汽车维护与故障诊断作业工具使用

任务引入
某客户来汽车 4S 店给自己的车辆做首次维护。假如你是一名新能源汽车维修技师，你需要提前做好哪些维护与故障诊断工具的准备呢？
信息收集
新能源汽车维护与故障诊断作业中以"安全第一"为原则，因此，应遵循以下作业安全规范。 （1）使用绝缘手套时应将上衣袖口套入手套筒口内，绝缘手套的长度至少应盖过袖口＿＿＿＿cm。 （2）＿＿＿＿要求是收口的，下摆、袖口、裤脚都可以扣起来，能有效减小衣服卡入车辆缝隙中的概率，提高作业安全性。 （3）＿＿＿＿是保证人身安全的基本绝缘安全用具。它在闭合或拉开高压跌落式熔断器和隔离开关、装拆携带式搭铁线，以及进行测量和试验时使用。 （4）轮胎花纹深度尺用来测量轮胎的厚度，＿＿＿＿mm 为轮胎更换极限值。

续上表

（5）_____是用于检测汽车故障的便携式智能汽车故障自检仪，用户可以利用它迅速地读取汽车电控系统中的故障，并通过液晶显示屏显示故障信息，及时查明发生故障的部位及原因。

计划与决策

（1）小组成员针对各自的工作计划展开讨论，并选出最佳工作计划。
（2）专业教师对各小组提交的工作计划进行点评。
（3）各小组成员根据专业教师的评价，对工作计划进行调整，调整后的工作计划即为最终实施方案。

任务准备

1. 车辆作业前预检

车辆 VIN 码	
车辆外观	□正常　划痕　□破损　其他说明_____
车辆内饰	□正常　划痕　□破损　其他说明_____

2. 高压安全作业前期准备

名称	现有状况		应对策略		
绝缘手套	□正常	□破损□脏污□过期	□更换	□维修	□清洁
绝缘鞋	□正常	□破损□脏污□过期	□更换	□维修	□清洁
护目镜	□正常	□破损□脏污□过期	□更换	□维修	□清洁
安全帽	□正常	□破损□脏污□过期	□更换	□维修	□清洁
绝缘工具套装	□正常	□破损□脏污□过期	□更换	□维修	□清洁
绝缘地垫外观	□正常	□破损□脏污□过期	□更换	□维修	□清洁
绝缘地垫绝缘阻值	□正常	绝缘阻值_____	□更换		
隔离栏	□正常	□破损□脏污	□更换	□维修	□清洁
警示牌	□正常	□破损□脏污	□更换	□维修	□清洁
灭火器	□正常	□过期	□更换		

任务实施

序号	项目	具体操作记录
1	场地准备	
2	设立安全监护人、持证上岗	
3	作业前现场环境检查	
4	高压防护用具检查	
5	测量诊断工具检查	
6	其他作业工具检查	
7	作业前车辆状态检查	
8	高压断电操作	

总结评价

请根据自己在任务实施中的实际表现进行自我评价。
自我评价：_____

续上表

项目	评分标准	配分	得分
任务引入	明确工作任务(新能源汽车维护与故障诊断作业工具使用)	5	
信息收集	掌握新能源汽车维护与故障诊断高压防护用具	5	
	掌握新能源汽车维护与故障诊断测量诊断工具	5	
	掌握新能源汽车维护与故障诊断其他作业工具	5	
计划与决策	制订新能源汽车维护与故障诊断作业工具使用计划	5	
	结合最终计划能协同小组成员进行任务分工	5	
任务准备	完成车辆作业前预检	5	
	完成高压安全作业前期准备	5	
任务实施	作业前现场环境检查	5	
	高压防护用具检查	15	
	测量诊断工具检查	5	
	其他作业工具检查	5	
	作业前车辆状态检查	5	
	高压断电操作	20	
总结评价	能够对自己在任务实施中的表现综合评价	5	
	总分	100	

学习测验

（1）进行新能源汽车高压系统维护作业，必须由_____人协同操作，其中一人_____，一人_____，专业人员应遵守安全操作规范。

（2）在新能源汽车维护过程中，应严格遵循先_____后_____、先常规项后高压项的顺序。

（3）当新能源汽车整车出现故障必须进行拖车时，一定要将挡位调至_____，以防驱动电机超速发电，高压击穿电机控制器和其他高压部件。

（4）场地要求_____、保持干燥、_____、_____，配有常用的维护工具，气路、电路完整安全。

（5）场地工作区域应设置_____和_____，警示牌、标线要清晰，且隔离距离要在正常范围内，同时，四周要拉起警戒线，禁止无关人员入内。

（6）车辆操作区域的地面要求铺设_____，为确保安全，在作业前应使用绝缘测试仪进行绝缘性能测试，当在车辆四周所测试的绝缘电阻大于500MΩ时，则说明符合绝缘要求。

（7）绝缘手套的检验周期为每_____个月1次，使用绝缘手套时应将上衣袖口套入手套筒口内，绝缘手套的长度至少应盖过袖口_____cm。

（8）_____要求是收口的，下摆、袖口、裤脚都可以扣起来，能有效减小衣服卡入车辆缝隙中的概率，提高作业安全性。

（9）_____是保证人身安全的基本绝缘安全用具。它在闭合或拉开高压跌落式熔断器和隔离开关、装拆携带式搭铁线，以及进行测量和试验时使用。

（10）《机动车运行安全技术条件》（GB 7258—2017）规定行驶系统中轿车轮胎胎冠上的花纹深度在磨损后应不少于_____mm。

（11）_____是用于检测汽车故障的便携式智能汽车故障自检仪，用户可以利用它迅速地读取汽车电控系统中的故障，并通过液晶显示屏显示故障信息，及时查明发生故障的部位及原因。

（12）请根据图1-64，分析每个图中哪一项个人安全防护用具不合格。

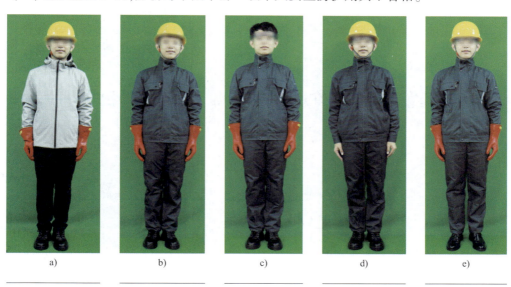

图1-64　判断个人安全防护用具是否合格

项目二 新能源汽车维护作业

任务 1　新能源汽车首次及常见维护作业项目

任务引入

某客户来汽车 4S 店给自己的车辆做首次维护。假如你是一名新能源汽车售后服务接待顾问,你将如何向客户介绍首次维护项目具体内容呢?

任务要求

▶ **知识目标**

1. 了解新能源汽车高压系统部件;
2. 了解不同种类维护项目;
3. 掌握新能源汽车常规维护项目;
4. 掌握新能源汽车首次维护项目;
5. 掌握新能源汽车维护周期。

▶ **技能目标**

1. 能够认知新能源汽车高压系统部件;
2. 能够了解不同种类维护项目;
3. 能够掌握新能源汽车常见维护项目及周期;
4. 能够完成新能源汽车的首次维护项目作业;
5. 能够掌握新能源汽车的常规维护项目。

▶ **素养目标**

1. 培养学生的职业规范、安全意识和工匠精神;
2. 培养学生的职业道德和团队合作意识;
3. 培养学生的时间管理和自主学习能力。

知识储备

新能源汽车在使用过程中，各零部件会产生不同程度的磨损、变形、松动、老化、腐蚀及损伤，从而导致功能异常，甚至有可能危及行车安全。正确的车辆维护不仅有助于保持良好车况，而且还有利于环境保护。新能源汽车维护主要是降低机件磨损速度，减少运行故障，使汽车具有良好的使用性和可靠性，延长使用寿命，确保行车安全。新能源汽车除在动力源、驱动方式上与传统汽车不同外，其他系统部件大致相同。如新能源汽车的蓄电池组与电机代替了传统汽车的发动机来驱动汽车行驶，但底盘和电气部分与传统汽车基本一致。

一、新能源汽车高压系统组成部件

新能源汽车高压部件包括但不限于动力蓄电池、驱动电机、驱动电机控制器、动力线束装置、高压线缆、快充充电插头、快充充电插座、慢充充电插座、慢充充电插头、高低压转换器或高低压充电系统总成等，车内高压线缆都用橙色波纹管包裹。其中，动力蓄电池、驱动电机、高压控制系统为纯电动汽车上的三大核心部件。

1. 动力蓄电池与动力蓄电池管理系统

目前，市场上动力蓄电池种类很多，锂离子动力蓄电池是主流，受当前技术的影响，绝大多数新能源汽车采用锂离子动力蓄电池（图 2-1）。

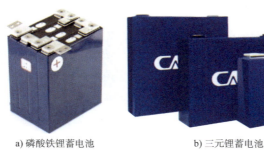

a) 磷酸铁锂蓄电池　　b) 三元锂蓄电池

图 2-1　动力蓄电池种类

新能源汽车高压部件组成

动力蓄电池作为高压电气系统，提供直流电压，通过电机控制器转换为三相交流电向驱动电机供电，驱动车辆行驶。动力蓄电池作为主要动力源之一，可反复进行充电，通过外接电源给动力蓄电池进行充电的主要方式为交流充电和直流充电，车辆在制动或滑行时，可通过电机为动力蓄电池充电。

蓄电池管理系统（BMS）是用来对蓄电池组进行安全监控及管理，提高蓄电池使用效率的装置。对于新能源汽车而言，通过 BMS 对蓄电池组充放电的有效控制，可以达到增加续驶里程、延长使用寿命、降低运行成本的目的，并保证动力蓄电池组应有的安全性和可靠性。

2. 驱动电机与驱动电机控制器

驱动电机是按照驾驶人的意图将动力蓄电池的高压直流电转变成驱动电机的高压三相交流电，从而使驱动电机产生旋转力矩，并通过传统装置将驱动电机的旋转运动传递给车轮，实现车辆的行驶。目前，市面上的新能源汽车多数采用永磁同步驱动电机（图 2-2），与传统燃油汽车的发动机将燃料燃烧的化学能转化为机械能不同,其具有结构简单、体积小、质量轻、损耗小、效率高、控制精度高、转矩密度高、转矩平稳性良好及振动噪声低的特点,其能量利用率更高,能够减少资源的浪费。

驱动电机控制器是根据整车控制器的指令,及时响应并反馈,实时调整驱动电机的输出,将动力蓄电池供给的高压直流电能,逆变成三相交流电给汽车电机提供电源。驱动电机控制器接收电机转速等信号反馈到仪表,当发生制动或者加速行为时,驱动电机控制器控制变频器频率的升降,从而达到加速或者减速的目的。

3. 高低压充电系统总成

将高压配电盒、车载充电机、DC/DC 变换器三个部件合为一个总成,通常称为高低压充电系统总成(图 2-3)。

图 2-2　电机及电机控制器　　　　　图 2-3　高低压充电系统总成

1) 高压配电盒

高压配电盒是整车高压电的一个电源分配装置,类似于低压电路系统中的电器熔断器。高压配电盒是由很多高压继电器、高压熔断丝共同组成的,它内部有相关控制芯片,以便与其他模块实现信号通信,确保整车高压用电安全。

2) 车载充电机(OBC)

车载充电机是一个将高压交流电转换为高压直流电的装置。由于动力蓄电池是一个高压直流电源,当使用交流电进行充电的时候,交流电不能直接被动力蓄电池进行电量储存,因此,需要车载充电机将高压交流电转为高压直流电,从而给动力蓄电池充电。

3) DC/DC 变换器

DC/DC 变换器是一个将高压直流电转换为低压直流电的装置。由于新能源汽车上没有发动机,整车用电来源不再是发电机和蓄电池,而是动力蓄电池和低压蓄电池。

4. 电动压缩机

传统汽车的压缩机是通过压缩机电磁离合器的吸合,促使发动机带动压缩机运转,而新能源汽车的压缩机是通过高压电源直接驱动的。为了与传统汽车的压缩机相区别,这里将新能源汽车上的空调压缩机称为空调电动压缩机(图 2-4)。

图 2-4　空调电动压缩机

5. PTC 加热器

传统汽车上空调暖风系统的热源是引入发动机冷却后的冷却液的热量,这个在新能源汽车上是不存在的,因此,需要专门的制热装置,这个装置被称为空调 PTC(图 2-5),PTC(Positive Temperature Coefficient)的作用就是制热。当低温的时候,蓄电池包需要一定的热量才能正常工作,这时候需要蓄电池包 PTC 加热器给蓄电池包进行预热。

6. 高压线束

新能源汽车高压线束为橙色(图 2-6),其作用主要是将高压系统上各个部件相连,作为高压电源传输的媒介。区别于黑色低压线束系统,这些高压线束均带有高压电,对整车的高压系统的稳定性影响很大。

图 2-5 空调 PTC

图 2-6 新能源汽车高压线束

二、不同种类维护项目

1. 油液类维护项目

油液类维护项目具体维护项目见表 2-1。

油液类维护项目　　　　　　　　表 2-1

序号	项目	定期维护的好处	不维护的坏处
1	冷却液	(1)提高动力蓄电池及高压部件冷却效率,避免高温故障; (2)防止冷却系统腐蚀,延长冷却系统寿命; (3)提高沸点,降低冰点	(1)动力蓄电池及高压部件冷却效率低,可能出现高温报警; (2)可能造成冷却系统堵塞; (3)影响散热器冷却效率; (4)长时间使用会有一定消耗
2	制动液	(1)提高制动效能; (2)防止制动系统管路腐蚀、堵塞; (3)确保制动系统在制动时运转正常	(1)易吸收水分,降低制动性能; (2)制动管路腐蚀、堵塞,导致制动变软无力; (3)可能引起制动失灵,影响驾驶人安全行车
3	齿轮油	(1)使变速器(齿轮)工作流畅,不干涩; (2)减少杂质形成,延长传动部件使用寿命; (3)减少变速器齿轮噪声	(1)变速器工作时,齿轮易干涩、过度磨损; (2)杂质堆积,降低传动部件使用寿命; (3)变速器易发生异响
4	风窗玻璃清洗剂	(1)防止刮水器干刮而损伤玻璃; (2)确保玻璃干净,保持安全行驶	(1)干刮易损伤玻璃; (2)影响驾驶人行车安全

2. 空调滤清器、消耗件维护项目

空调滤清器、消耗件具体维护项目见表2-2。

空调滤清器、消耗件维护项目　　　　　表2-2

序号	项目	定期维护的好处	不维护的坏处
1	空调滤清器	(1)清除花粉、灰尘、废气等； (2)使进入车内的空气更清洁； (3)提高了空调使用寿命	(1)室内空气质量变差、异味，过滤功能失效； (2)积累的杂质可能会腐蚀空调系统； (3)通风口风力变小，可能会引发空调系统故障
2	制动摩擦片	(1)提高制动效能； (2)制动时无异响； (3)提高制动系统的使用寿命	(1)制动效果不良，影响行车安全； (2)制动时发出刺耳噪声； (3)会损伤制动盘等部件
3	刮水片	(1)保持驾驶人清晰良好的行车视线； (2)工作时静音、舒适； (3)保护风窗玻璃不会磨损、刮花	(1)橡胶件出现老化、开裂，不能很好地刮拭玻璃上的水气、雾气，影响行车安全； (2)工作时有噪声产生； (3)夹带着沙土颗粒使得风窗玻璃及橡胶件过度磨损

三、新能源汽车常见维护项目及周期

1. 新能源汽车常见维护项目

新能源汽车常见具体维护项目见表2-3。

新能源汽车常见维护项目　　　　　表2-3

总成名称	维护项目	维护内容
动力蓄电池总成	蓄电池箱外围	蓄电池箱体(含尾部挂梁)与车辆底盘的固定螺柱紧固
		蓄电池箱体(含尾部挂梁)与车辆底盘的固定螺柱腐蚀/破损
		高压连接器公插与母插清洁度/腐蚀/破损
		低压连接器公插与母插连接可靠性
		低压连接器公插与母插清洁度/腐蚀/破损
		蓄电池箱体划痕/腐蚀/变形/破损
		蓄电池下箱体底部划痕/腐蚀/破损
	蓄电池状态	检查蓄电池状态参数/SOC(荷电状态)/温度/单体蓄电池电压
		检查Pack(蓄电池组)绝缘阻值
驱动电机	清洁	清洁电机外壳体，保证无水渍、泥垢
	电机水冷系统	检查管路有无老化、渗漏
		检查水泵是否有冷却液渗漏
	电机机械连接紧固	检测螺栓上的漆标，若漆标位置有移动，则对螺栓进行紧固，若无则不做要求
	搭铁线连接	电机搭铁线部位的搭铁电阻不大于0.1Ω
冷却系统	冷却液	检查或更换
减速器	齿轮油	检查或更换

续上表

总成名称	维护项目	维护内容
车载充电机	一般检查	清洁
		高、低压接插件表面完好，无破损、牢固无松动
		搭铁线牢固无松动
		充电机安装牢固、无松动
		充电机诊断测试
驱动电机控制器	绝缘、搭铁、检测	绝缘电阻≥20MΩ，搭铁电阻≤0.1Ω
	不可维修件，无需维护	
分线盒	无需维护	

2. 新能源汽车常见维护周期及操作

新能源汽车常见维护周期及操作见表2-4。

新能源汽车常见维护周期及操作　　　　表2-4

序号	周期	项目	具体操作
1	在操作车辆时应检查的项目	喇叭的操作	应偶尔按动喇叭，检查所有按钮位置，确保喇叭工作正常
		制动系统的操作	制动时，应警惕制动系统的异响、制动踏板行程的增加或重复性的制动跑偏现象。此外，如果制动警告灯启亮或闪烁，则制动系统某部分可能出现故障
		轮胎、车辆和定位的操作	在平直路面上左右跑偏，表明可能需要调整轮胎气压或进行车轮定位
		转向系统的操作	当转向盘转动困难或自由行程过大时，或者转向或驻车时有异响，需进行检查
		照明系统的操作	前照灯对光应偶尔观察下灯光图案，如果前照灯对光不正确，应进行调整
2	每次加油时应检查的项目	检查驱动电机控制器冷却液液面及状况	检查膨胀罐总成中的液面，必要时添加驱动电机控制器冷却液；检查驱动电机控制器冷却液，更换脏污的电机控制器冷却液
		检查风窗玻璃清洗剂液面	检查储液罐内的风窗玻璃清洗剂液面，必要时添加风窗玻璃清洗剂
3	至少每月1次应检查的项目	轮胎和车轮及气压的检查	检查轮胎是否异常磨损或损坏，还要检查车轮是否损坏；检查轮胎冷态时的压力，同时也要检查备用轮胎，保持轮胎标签上的推荐压力
		车灯的操作	检查牌照灯、前照灯（包括远、近光）、驻车灯、雾灯、尾灯、制动灯、转向灯、倒车灯和危险警告闪光器是否正常
		油液泄漏检查	车辆停放一段时间后，应定期检查车下地面是否有水或其他液体（空调系统使用后滴水属于正常现象），如果发现泄漏，应立即查找原因并排除故障
4	至少每年2次应检查的项目	制动主缸储液罐液面	检查油液并使其保持正确液面，液面过低可能表明盘式制动器的制动衬块已磨损，需要维修。检查储液罐盖上的通气孔，确保无污垢且气道通畅
		门窗密封条的润滑	用清洁的抹布给密封条涂一层硅基润滑脂薄膜

续上表

序号	周期	项目	具体操作
5	至少每年1次应检查的项目	安全带的状况及操作	检查安全带系统,包括编织带、锁扣、锁板、卷收器、导向环和固定装置
		备胎和千斤顶的存放	警惕车辆后部出现的"嘎嘎"声,备胎、所有举升设备和工具必须始终固定好,每次使用后,用油脂润滑千斤顶棘齿或螺旋机构
		电子转向柱锁的维护	润滑电子转向柱锁的锁芯
		车身润滑维护	润滑所有车门铰链,包括前机舱盖、加油口盖、行李舱铰链和锁闩、手套箱、控制台门,以及折叠座椅的任何机件
		车身底部清洁	首先,松动聚集在车辆封闭区的沉积物;然后,清洁车身底部。一般情况下,冬季一年至少清洁1次车身底部
		驱动电机冷却系统	检查驱动电机冷却液。如果驱动电机冷却液过脏或生锈,应排放、冲洗驱动电机冷却系统,并重新加注新的驱动电机冷却液。保持适当的驱动电机冷却液浓度,以保证正确的防冻、防沸、防腐性能及驱动电机运行温度。检查软管,更换开裂、膨胀或老化的软管。紧固卡箍,清洁散热器和空调系统冷凝器外部,清洗加注口盖和加注口管颈。对冷却系统和加注口盖进行压力测试,以便确保系统运行正常

四、新能源汽车的首次维护项目

一般新车在首次行驶3个月或5000km时,需要到指定维修店进行首次维护,之后每隔12个月或行驶1万km进行1次维护。

新能源汽车一般首次维护包括以下项目。

(1)检查车辆各灯光工作是否正常(图2-7)。

(2)检查车辆喇叭工作是否正常(图2-8)。

图2-7 检查车辆灯光

图2-8 检查车辆喇叭

(3)检查刮水器、洗涤器工作是否正常(图2-9)。

(4)检查车辆门窗工作是否正常(图2-10)。

(5)检查前机舱内每一处油位、液位是否在正常范围内,确保在"MIN"线与"MAX"刻度线之间(图2-11)。

(6) 检查前机舱内的高低压线束连接器有无松动(图2-12)。

图2-9 检查刮水器、洗涤器

图2-10 检查车辆门窗

图2-11 检查前机舱油液

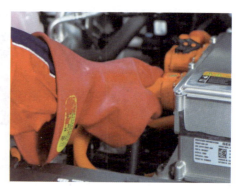

图2-12 检查高低压线束连接器

(7) 检查前机舱内的高低压线束有无破损(图2-13)。
(8) 检查动力蓄电池组外观有无碰撞痕迹(图2-14)。

图2-13 检查高低压线束

图2-14 检查动力蓄电池组外壳

(9) 紧固底盘上所有的螺栓及螺母(图2-15)。
(10) 使用绝缘工具拆卸放油螺栓,更换齿轮油(图2-16)。
(11) 检查避振器、制动系统是否有漏油的情况(图2-17)。
(12) 检查轮胎充气压力是否符合规定值(图2-18)。
(13) 连接故障诊断仪查看系统是否有故障码;若有故障码,结合故障码进行车辆故障诊断(图2-19)。

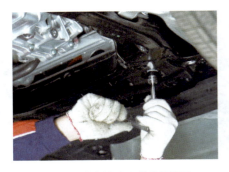
图 2-15　紧固底盘上螺栓及螺母

图 2-16　更换齿轮油

图 2-17　检查避振器

图 2-18　检查轮胎充气压力

五、新能源汽车的常规维护项目

为了确保车辆保持最佳状态,新能源汽车需要像传统汽车那样进行定期维护,如每 2 年或 4 万 km 必须更换制动液,每次维护应检查底盘、灯光、轮胎等常规部位。

新能源汽车常规维护项目与周期

1. 动力蓄电池的维护

(1) 检查蓄电池箱体外观是否有划痕、腐蚀、变形、破损(图 2-20)。

图 2-19　连接故障诊断仪进行车辆诊断

图 2-20　动力蓄电池箱体外观检查

(2) 检查与蓄电池相连接的高压线束有无磨损,线束连接器有无破损(图 2-21)。

(3) 检查动力蓄电池绝缘性。

(4) 检查动力蓄电池气密性,每隔 15 万 km 检查一次。

(5)用专用故障诊断仪读取是否存在故障,读取数据流(电芯最高、最低温度值,温差数据;电芯最高、最低电压值,压差数据),观察数据流是否正常。

2. 充电系统的维护

(1)检查高低压充电系统总成外壳是否有明显碰撞痕迹,各连接导线有无破损、碰擦,连接是否良好,高低压接线端子连接是否牢靠,有无松动。

(2)清洁高低压充电系统总成外壳体,保证无水渍、泥垢(图2-22)。

图2-21 动力蓄电池线束连接器检查

图2-22 检查高低压充电系统总成外壳体

(3)检查快充口、慢充口内是否有异物、是否有退针等情况(图2-23)。

a) 快充口

b) 慢充口

图2-23 检查快充口、慢充口

(4)检查充电枪工作是否正常(图2-24)。

(5)用专用故障诊断仪读取是否存在故障。

3. 驱动电机及驱动电机控制器的维护

(1)清洁驱动电机及驱动电机控制器外壳体,确保无水渍、泥垢。

(2)检查驱动电机三相线与周边部件是否有磨损(图2-25)。

(3)检查驱动电机端三相线、电源输入线的紧固性(每隔5万km检查一次,超过15万km后每1万km检查一次)。

(4)检查电机控制器端三相线、电源输入线的紧固性(每隔5万km检查一次,超过15万km后每1万km检查一次)。

图 2-24　检查充电枪

图 2-25　驱动电机的维护

（5）检查驱动电机与减速器之间、驱动电机与托架支架之间、驱动电机与悬架之间固定螺栓的紧固性（每隔 5 万 km 检查一次，超过 15 万 km 后每 1 万 km 检查一次）。

（6）检查线束连接器有无松动、绝缘性是否良好。

（7）用专用故障诊断仪读取是否存在故障。

4. 冷却系统的维护

（1）检查冷却液是否泄漏、液面高度是否在正常范围，不够时添加。一般每 4 年或 8 万 km 更换一次（图 2-26）。

图 2-26　检查冷却液液位及管路是否泄漏

（2）检查散热部件表面是否被杂物或者油污覆盖，如有，建议清洗前端模块，冷却风扇扇叶用硬毛刷进行清理。

（3）检查水冷管软管与硬管连接处有无漏液。

（4）检查进/出水冷管有无老化、变形，检查水泵是否正常工作。

（5）一般每行驶 5 万 km 建议检查前端冷却模块，如散热器总成、冷凝器、冷却风扇。

（6）用专用故障诊断仪读取是否存在故障。

5. 空调系统的维护

（1）检查空调系统的制冷、制热工作是否正常，检查出风口处是否有杂物（图 2-27）。

（2）检查空调滤清器，建议每 8000km 或 9 个月更换一次空调滤芯（图 2-28）。

图 2-27　检查空调出风口　　　　图 2-28　检查空调滤芯

（3）检查制冷剂压力是否在合适范围（图2-29）。

（4）检查PTC连接线束是否有破损、表面是否有杂物（图2-30）。

图2-29　检查制冷剂压力

图2-30　检查PTC连接线束

（5）检查空调管路、压缩机是否有泄漏、异响（图2-31）。

（6）检查电动压缩机的输入电缆线接插件有无松动。

（7）检查电动压缩机端的电缆线接头螺栓是否松动、表面有无烧蚀（图2-32）。

图2-31　检查空调管路

图2-32　检查电缆线接头螺栓

（8）检查鼓风机、散热风扇是否工作正常。

（9）清洁空调散热器上的杂物（图2-33）。

（10）用专用故障诊断仪读取是否存在故障。

6. 制动系统的维护

（1）检查制动性能，必要时调整或更换制动摩擦片。

（2）检查制动液液位是否合适（图2-34），不足时添加DOT4型制动液。一般每行驶2年或4万km必须更换制动液，在行驶条件特别恶劣的情况下，每行驶1年或2万km更换制动液。

图2-33　检查散热器上是否有杂物

（3）检查制动软管和硬管是否漏油、损坏、紧固，必要时更换（图2-35）。

（4）检查轮胎充气压力是否正常（图2-36）。

（5）检查轮胎花纹深度是否在合理范围内，必要时更换（图2-37）。

（6）用专用故障诊断仪读取是否存在故障。

图 2-34　检查制动液液位

图 2-35　检查制动软管和硬管

图 2-36　检查轮胎充气压力

图 2-37　检查轮胎花纹深度

7. 电动助力转向的维护

（1）检查转向盘是否松动（图 2-38）。

（2）检查转向电机的线束连接器有无松脱。

（3）检查转向 ECU 插头、各传感器的插头有无松脱。

（4）检查转向球头有无磨损、松动。

（5）用专用故障诊断仪读取是否存在故障。

8. 高低压线束的维护

（1）检查各连接线束有无破损、裂纹。

（2）检查高低压线束连接器连接是否牢靠，无松动（图 2-39）。

图 2-38　电动助力转向的维护

图 2-39　检查高低压线束及线束连接器连接

9. 车辆的清洁

（1）外部清洁。为保护车辆的外观，需要经常对车辆外部进行清洁。洗车时，必须先关闭车辆起动开关并在阴凉处进行。若车辆长时间置于阳光下,需等待车身外表冷却后再进行清洗。新能源汽车在清洗前,应检查并确认车辆充电口盖已正确关闭,清洗过程中要注意避免水流入车内充电插座,避免车身线路短路。当车辆在融化冰雪的路面和空气中有大量灰尘的地区行驶后,最好马上清洗车辆,因为这种行车环境将引起油漆层的剥落或导致车身和零部件腐蚀。

(2)内部清洁。经常清洁车内,有助于改善车内环境。灰尘和污垢积聚在内饰上,可能会造成地毯、织物、皮革和塑料制品表面损坏。

综合实践

新能源汽车首次维护作业

一、准备工作

(1)实训场地:新能源汽车整车实训室(理实一体化实训室)。
(2)工具及车辆:作业工具套装、高压防护用具、检测工具、新能源汽车等。
(3)辅助资料:车辆维修手册、教材等。

二、实施步骤

(1)作业前完成新能源汽车维护与故障诊断作业前场地准备、现场环境检查及安全防护用具检查工作。

(2)一般首次维护作业项目。

一般首次维护作业项目见表2-5。

一般首次维护作业项目 表2-5

序号	操作	检查项目
1		检查车辆各灯光工作是否正常
2		检查车辆喇叭工作是否正常
3		检查刮水器、洗涤器工作是否正常

续上表

序号	操作	检查项目
4		检查车辆门窗工作是否正常
5		检查前机舱内的每一处的油液、液位是否在正常范围内,确保其在"MIN"与"MAX"刻度线之间
6		检查前机舱内的高低压线束连接器有无松动
7		检查前机舱内的高低压线束有无破损
8		检查动力蓄电池组外观有无碰撞痕迹
9		紧固底盘上所有的螺栓及螺母
10		使用绝缘工具拆卸放油螺栓,更换齿轮油
11		检查避振器、制动系统是否有漏油的情况
12		检查轮胎充气压力是否符合规定值

续上表

序号	操作	检查项目
13		连接故障诊断仪,查看系统是否有故障码;若有故障码,结合故障码进行故障诊断

任务工单

新能源汽车定期维护作业

任务引入
某客户来汽车4S店给自己的车辆做首次维护。假如你是一名新能源汽车售后服务接待顾问,你如何向客户介绍首次维护有哪些具体项目呢?

信息收集
新能源汽车需要定期维护来确保行车安全。
(1)检查空调滤清器,建议每_____或9个月更换一次空调滤芯。
(2)检查制动性能,必要时调整或更换_____。
(3)检查制动液位是否合适,不足时添加_____型制动液。一般每行驶2年或4万km必须更换制动液,在行驶条件特别恶劣的情况下,每行驶1年或2万km更换制动液。
(4)一般每行驶5万km建议检查前端_____。
(5)检查_____是否泄漏、液面高度是否在正常范围,不够时添加。一般每4年或8万km更换一次。

计划与决策
(1)小组成员针对各自的工作计划展开讨论,并选出最佳工作计划。
(2)专业教师对各小组提交的工作计划进行点评。
(3)各小组成员根据专业教师的评价,对工作计划进行调整,调整后的工作计划即为最终实施方案。

任务准备

1. 车辆作业前预检

车辆 VIN 码	
车辆外观	□正常　□划痕　□破损　其他说明_____
车辆内饰	□正常　□划痕　□破损　其他说明_____

2. 高压安全作业前期准备

名称	现有状况			应对策略		
绝缘手套	□正常	□破损	□脏污 □过期	□更换	□维修	□清洁
绝缘鞋	□正常	□破损	□脏污 □过期	□更换	□维修	□清洁
护目镜	□正常	□破损	□脏污 □过期	□更换	□维修	□清洁
安全帽	□正常	□破损	□脏污 □过期	□更换	□维修	□清洁
绝缘工具套装	□正常	□破损	□脏污 □过期	□更换	□维修	□清洁
绝缘地垫外观	□正常	□破损	□脏污 □过期	□更换	□维修	□清洁

续上表

名称	现有状况		应对策略		
绝缘地垫绝缘阻值	□正常	绝缘阻值_____	□更换		
隔离栏	□正常	□破损 □脏污	□更换	□维修	□清洁
警示牌	□正常	□破损 □脏污	□更换	□维修	□清洁
灭火器	□正常	□过期	□更换		

任务实施

序号	项目	具体操作记录
1	场地准备	
2	设立安全监护人、持证上岗	
3	作业前现场环境检查	
4	动力蓄电池系统维护	
5	充电系统维护	
6	驱动电机系统维护	
7	冷却系统维护	
8	空调系统维护	
9	制动系统维护	
10	电动助力转向系统维护	
11	高低压线束检查	

总结评价

请根据自己在任务实施中的实际表现进行自我评价。
自我评价：_____

任务考核评价表

项目	评分标准	配分	得分
任务引入	明确工作任务（新能源汽车定期维护作业）	5	
信息收集	掌握新能源汽车常规维护作业项目	5	
	掌握新能源汽车首次维护作业项目	5	
	掌握新能源汽车维护周期	5	
计划与决策	制订新能源汽车定期维护作业计划	5	
	结合最终计划能协同小组成员进行任务分工	5	
任务准备	完成车辆作业前预检	5	
	完成高压安全作业前期准备	5	
任务实施	作业前场地准备及高压安全防护检查	5	
	动力蓄电池系统维护	5	
	充电系统维护	10	
	驱动电机系统维护	5	
	冷却系统维护	10	

续上表

项目	评分标准	配分	得分
任务实施	空调系统维护	5	
	制动系统维护	5	
	电动助力转向系统维护	5	
	高低压线束检查	5	
总结评价	能够对自己在任务实施中的表现综合评价	5	
	总分	100	

任务2 动力蓄电池及充电系统维护作业

任务引入

某客户来汽车4S店给自己的车辆做定期维护。假如你是一名新能源汽车维修技师,你将具体完成动力蓄电池及充电系统的哪些维护作业项目呢?

任务要求

▶ **知识目标**
1. 掌握新能源汽车动力蓄电池系统的组成和维护作业;
2. 掌握新能源汽车充电系统的组成和维护作业。

▶ **技能目标**
1. 能够完成新能源汽车动力蓄电池系统的维护;
2. 能够完成新能源汽车充电系统的维护。

▶ **素养目标**
1. 培养学生的职业规范、安全意识和工匠精神;
2. 培养学生的职业道德和团队合作意识;
3. 培养学生的时间管理和自主学习能力。

知识储备

一、动力蓄电池系统的维护

1. 动力蓄电池系统概述

1)动力蓄电池系统的组成

动力蓄电池一般安装在整车下方位置(图2-40)。动力蓄电池系统主要由动力蓄电池

动力蓄电池系统
维护作业

图2-40 动力蓄电池的安装位置

模组、蓄电池管理系统（BMS）、动力蓄电池箱及辅助元器件4部分组成。

（1）动力蓄电池模组。动力蓄电池模组是由多个蓄电池模块串联组成的一个组合体。蓄电池模块由若干个单体蓄电池并联而成，该组合额定电压与蓄电池单体额定电压相等，是蓄电池单体在物理结构和电路上连接起来的最小分组，可作为一个单元替换。单体蓄电池（也称电芯）是构成动力蓄电池模块的最小单元。

（2）蓄电池管理系统（BMS）。BMS是蓄电池保护和管理的核心部件，在动力蓄电池系统中，它的作用就相当于人的大脑。它不仅要保证蓄电池安全可靠的使用，而且要充分发挥蓄电池的能力和延长使用寿命，作为蓄电池和整车控制器以及驾驶人沟通的桥梁，通过控制接触器控制动力蓄电池组的充、放电，并向整车控制器（VCU）上报动力蓄电池系统的基本参数。BMS的组成按性质可分为硬件和软件；按功能分为数据采集单元和控制单元。BMS的硬件包括主板、从板及高压盒，还包括采集电压线、电流、温度等数据的电子器件。BMS的软件包括监测蓄电池的电压、电流、SOC值、绝缘电阻值、温度值，通过与VCU、充电机的通信，来控制动力蓄电池系统的充、放电。

（3）动力蓄电池箱。动力蓄电池箱用来支撑、固定、包围蓄电池系统的组件，主要包含上盖和下托盘，还有过渡件、护板、螺栓等辅助器件。动力蓄电池箱有承载及保护动力蓄电池组及电器元件的作用。蓄电池箱体用螺栓连接在车身地板下方，其防护等级为IP67，螺栓拧紧力矩为80~100N·m。整车维护时，需观察蓄电池箱体螺栓是否有松动，蓄电池箱体是否有破损、严重变形，凸缘是否完整，确保动力蓄电池可以正常工作。

（4）辅助元器件。辅助元器件包括动力蓄电池系统内部的电子电器元件（如熔断器、继电器、分流器、接插件、紧急开关、烟雾传感器等）、维修开关以及电子电器元件以外的辅助元器件（如密封条、绝缘材料等）。

2）动力蓄电池的工作过程

动力蓄电池系统首先接收和存储由车载充电机、制动能量回收系统或外部充电装置提供的电能，然后通过高压配电装置为驱动电机、电动压缩机和PTC加热器等用电设备提供电能。

2. 动力蓄电池箱外观检查

（1）检查动力蓄电池箱外表面是否有划痕、腐蚀、变形、破损，如图2-41a）所示。

（2）检查动力蓄电池箱盖是否锁闭无变形。

（3）检查动力蓄电池标识是否完整，如图2-41b）所示。

（4）检查动力蓄电池箱与车辆底盘固定螺栓是否紧固，同时检查固定螺栓是否有腐蚀、破损的情况，如图2-41c）所示。

（5）检查动力蓄电池的气密性，每隔15万km检查一次，如图2-41d）所示。

3. 动力蓄电池的维护作业

（1）检查与动力蓄电池相连接的高低压线束及接插件有无磨损，插头有无破损，如图2-42a）所示。

a) 动力蓄电池箱外表面检查　　　　　b) 动力蓄电池标识检查

c) 动力蓄电池箱与车辆底盘固定检查　　　d) 气密性测试

图 2-41　动力蓄电池箱外观检查

(2) 检查动力蓄电池的绝缘性,如图 2-42b) 所示。

a) 检查与动力蓄电池连接的高低压接插件　　　b) 绝缘电阻测试

图 2-42　动力蓄电池的维护作业

(3) 检查动力蓄电池充电线路绝缘电阻是否正常。

(4) 用专用故障诊断仪读取是否存在故障,读取数据流(电芯最高、最低温度值,温差数据;电芯最高、最低电压值,压差数据),观察数据流是否正常。

4. 蓄电池管理系统(BMS)的维护作业

(1) 检查 BMS 的壳体是否完好无异物(图 2-43)。

(2) 检查 BMS 的线束及接插件是否破损、松动。

(3) 使用专用仪器对 BMS 程序进行定期升级维护。

图 2-43　蓄电池管理系统(BMS)

5. 动力蓄电池的使用注意事项

(1) 为使动力蓄电池处于最佳状态,如果车辆存放周期超过 3 个月,或者蓄电池电量表显示电量过低时,必须要对动力蓄电池进行充电,否则可能引起动力蓄电池过放,降低动力蓄电池性能。车辆长时间放置,动力蓄电池电量应保持在50%~80%。

(2)动力蓄电池为高压储能设备,内有许多高压控制线路及单体蓄电池,液体进入动力蓄电池内部可能导致短路、漏电、腐蚀单体蓄电池与电子线路及连接头。因此,必须确保动力蓄电池不会被各种液体浸泡、潮湿的空气不会进入到动力蓄电池内部。

(3)保持动力蓄电池在最佳工作温度范围内工作,可以大大延长蓄电池的使用寿命,并提高动力蓄电池的安全性能。因此,车辆停放时应保证周边区域隔热、通风。

(4)动力蓄电池内部蓄电池串联,并安装有蓄电池管理系统与各种感应器件,驾驶在不平路面时,应防止动力蓄电池磕碰。

二、充电系统的维护

1. 充电系统概述

充电系统维护作业

充电系统是利用电源给动力蓄电池组充电的工作系统。充电系统一般包括交流充电系统(又称为慢充系统)和直流充电系统(又称为快充系统)2种。

1)交流充电系统

交流充电系统是使用220V单相交流电,通过高低压充电系统总成中的车载充电机进行整流转换,将单相交流电转换成高压直流电后,经过高压配电盒为动力蓄电池进行充电(图2-44)。交流充电系统一般主要由供电设备(交流充电桩和交流充电枪)、交流充电接口、交流充电线束、车载充电机、高压配电盒等组成。其中车载充电机主要实现将220V单相交流电转换成高压直流电,高压配电盒主要实现对高压直流电的分配,并具有电流保护、过电压保护、高温保护等功能。

2)直流充电系统

直流充电系统一般使用380V三相交流电,经过功率转换后直接给动力蓄电池进行充电(图2-45)。直流充电系统一般主要由供电设备(直流充电桩和直流充电枪)、直流充电接口、直流充电线束和高压控制盒组成。

图2-44 交流充电能量传递路线　　　　　图2-45 直流充电能量传递路线

3)交流充电系统与直流充电系统的区别

交流充电系统与直流充电系统的区别见表2-6。

交流充电系统与直流充电系统的区别　　　　表2-6

序号	要点	交流充电系统	直流充电系统
1	充电接口	7孔	9孔

续上表

序号	要点	交流充电系统	直流充电系统
2	供电电压	220V	380V
3	结构不同	有车载充电机	无车载充电机

2. 高低压充电系统总成检查

（1）检查高低压充电系统总成外观是否有明显磕碰的痕迹，对高低压充电系统总成内部模块是否造成损坏（图 2-46）。

（2）检查与高低压充电系统总成连接的高低压线束是否破损、碰擦、连接良好，高低压线束连接器是否松动，连接是否可靠（图 2-47）。

（3）检查高低压充电系统总成外是否有杂物、异物，保证无水渍、泥垢。

（4）使用专用故障诊断仪读取是否存在故障。

图 2-46　检查总成外观

图 2-47　检查高低压线束连接器

3. 充电枪及充电插座的检查

（1）充电前检查充电桩到充电枪之间线缆的表皮、外壳有无破损，若破损则更换，禁止使用破损的充电电缆。

（2）检查充电插座的外表面是否有异物，是否有烧蚀、生锈痕迹，若有则不可以充电。

（3）检查充电插座内是否有异物、灰尘和水渍，检查是否有退针，确保在充电插座内部清洁、干燥的情况下进行充电（图 2-48）。

（4）检查充电插座防护盖的开启和关闭情况，确保功能有效且完好。若充电口盖出现问题，将导致车辆无法正常起动。在进行充电系统检查时，应检查充电口盖能否正常开启或关闭（图 2-49）。

图 2-48　检查充电插座

图 2-49　检查充电插座防护盖

图 2-50　检查充电枪工作是否正常

（5）充电时,应首先检查充电枪工作是否正常,然后在充电过程中检查充电插座有无发热或异味,若有异常,应立即停止充电(图 2-50)。

4. 充电时的注意事项

（1）充电前确保将车身充电接口附近的雨水、污渍擦干后,再打开充电接口充电。

（2）交流充电可直接连接家用电源,当使用随车充电枪进行充电时,先插入三角充电插头,再插入充电枪。

（3）充电时禁止触摸充电接口、充电插头的金属部分,若车辆或高低压充电系统总成出现电火花时,禁止触摸车辆和任何器件,否则,会受到电击,引起人身伤亡。

（4）拔下充电插头时,应握住插头绝缘部分操作,禁止直接拖、拽充电线缆。

（5）充电结束后,应确保关闭充电接口防护盖和充电接口盖板,起动车辆前应确认充电插头已从充电接口拔出。

（6）当车辆充电时发生突发状况(如车辆断电、电子锁机械故障),导致充电枪无法拔出时,可以使用应急充电口拉线进行手动解锁。

（7）若车辆处于充电站直流快充状态时,充电接口处冒烟、异味或车辆内部发生异常现象,应及时按下快充充电桩上的急停按钮,停止充电,疏散车辆周围人员,并按照现场相关流程处置。

综合实践

检查交流充电枪CC（充电连接确认）信号线

一、准备工作

（1）实训场地:新能源汽车整车实训室(理实一体化实训室)。
（2）工具及车辆:作业工具套装、高压防护用具、检测工具、新能源汽车等。
（3）辅助资料:车辆维修手册、教材等。

二、实施步骤

（1）检查充电线外观是否有破损、裂痕。
（2）检查充电枪插针是否有烧蚀、生锈痕迹,是否有退针。
（3）检查充电线束导通情况。对充电线束进行充电测试,检测充电线是否导通。
（4）测试 CC 信号对地电阻。在不通电的情况下,当不按 S1 枪头按压开关,测试 CC 信号对地电阻值为 1.494Ω,当按下 S1 枪头按压开关,测试 CC 对地电阻值为 3.289Ω(图 2-51)。
（5）通过测试,说明该充电枪良好。

a) 不按S1枪头时的对地电阻　　　　　　b) 按下S1枪头时的对地电阻

图 2-51　测试充电枪 CC 信号对地电阻

任务工单

检测动力蓄电池充电线路绝缘电阻

任务引入
某客户来汽车4S店给自己的车辆做定期维护。假如你是一名新能源汽车维修技师,你将具体完成动力蓄电池及充电系统的哪些维护作业项目呢?
信息收集
(1) 动力蓄电池系统主要由＿＿＿＿＿、＿＿＿＿＿、＿＿＿＿＿及辅助元器件4部分组成。 (2) 充电系统一般包括＿＿＿＿＿系统(又称为慢充系统)和＿＿＿＿＿系统(又称为快充系统)2种。 (3) 慢充充电枪的CC代表＿＿＿＿＿信号,CP代表＿＿＿＿＿信号。 (4) 车载充电机主要实现将220V单相＿＿＿＿＿电转换成高压＿＿＿＿＿电。 (5) 交流充电系统一般主要由供电设备(交流充电桩和交流充电枪)、交流充电接口、交流充电线束、＿＿＿＿＿、＿＿＿＿＿等组成。
计划与决策
(1) 小组成员针对各自的工作计划展开讨论,并选出最佳工作计划。 (2) 专业教师对各小组提交的工作计划进行点评。 (3) 各小组成员根据专业教师的评价,对工作计划进行调整,调整后的工作计划即为最终实施方案。
任务准备
1. 车辆作业前预检

车辆 VIN 码			
车辆外观	□正常　□划痕　□破损　其他说明＿＿＿＿＿＿＿＿＿＿＿＿＿＿＿＿＿		
车辆内饰	□正常　□划痕　□破损　其他说明＿＿＿＿＿＿＿＿＿＿＿＿＿＿＿＿＿		

2. 高压安全作业前期准备

名称	现有状况			应对策略		
绝缘手套	□正常	□破损	□脏污 □过期	□更换	□维修	□清洁
绝缘鞋	□正常	□破损	□脏污 □过期	□更换	□维修	□清洁
护目镜	□正常	□破损	□脏污 □过期	□更换	□维修	□清洁

续上表

名称	现有状况		应对策略		
安全帽	□正常	□破损 □脏污 □过期	□更换	□维修	□清洁
绝缘工具套装	□正常	□破损 □脏污 □过期	□更换	□维修	□清洁
绝缘地垫外观	□正常	□破损 □脏污 □过期	□更换	□维修	□清洁
绝缘地垫绝缘阻值	□正常	绝缘阻值_____	□更换		
隔离栏	□正常	□破损 □脏污	□更换	□维修	□清洁
警示牌	□正常	□破损 □脏污	□更换	□维修	□清洁
灭火器	□正常	□过期	□更换		

任务实施

序号	项目	具体操作记录
1	场地准备	
2	设立安全监护人、持证上岗	
3	作业前现场环境检查	
4	断开低压蓄电池负极	
5	断开直流母线	
6	测试直流母线两个端口对地的绝缘电阻	

总结评价

请根据自己在任务实施中的实际表现进行自我评价。

自我评价：_____

任务考核评价表

项目	评分标准	配分	得分
任务引入	明确工作任务（检测动力蓄电池充电线路绝缘电阻）	5	
信息收集	掌握动力蓄电池系统的组成	5	
	掌握交流充电系统的组成	5	
	掌握动力蓄电池系统的维护	5	
	掌握充电系统的维护	5	
计划与决策	制订检测动力蓄电池充电线路绝缘电阻作业计划	5	
	结合最终计划能协同小组成员进行任务分工	5	
任务准备	完成车辆作业前预检	5	
	完成高压安全作业前期准备	5	
任务实施	作业前场地检查及高压防护用具检查	5	
	断开低压蓄电池负极	10	
	断开直流母线	10	
	测试直流母线两个端口对地的绝缘电阻	25	
总结评价	能够对自己在任务实施中的表现综合评价	5	
总分		100	

项目二 新能源汽车维护作业

任务3 驱动电机及冷却系统维护作业

任务引入

某客户来汽车4S店给自己的车辆做定期维护。假如你是一名新能源汽车维修技师,你将具体完成驱动电机及冷却系统的哪些维护作业项目呢?

任务要求

▶ 知识目标

1. 掌握新能源汽车驱动电机系统的维护作业;
2. 掌握新能源汽车冷却系统的维护作业。

▶ 技能目标

1. 能够完成新能源汽车驱动电机系统的维护;
2. 能够完成新能源汽车冷却系统的维护。

▶ 素养目标

1. 培养学生的职业规范、安全意识和工匠精神;
2. 培养学生的职业道德和团队合作意识;
3. 培养学生的时间管理和自主学习能力。

知识储备

驱动电机系统维护作业

一、驱动电机系统的维护

1. 驱动电机系统概述

驱动电机系统主要由驱动电机、电机控制器和减速驱动桥等组成(图2-52)。整车控制器(Vehicle Control Unit, VCU)根据驾驶人的操作发出各种指令,电机控制器(Electrical Machine Controller, EMC)对相关指令作出响应和反馈,并实时调整驱动电机的运行状态,以实现车辆的前行、倒车、停车、能力回收及驻坡制动等功能。

1)驱动电机

(1)驱动电机的作用。

驱动电机主要用于将动力蓄电池提供的电能转换成机械能来驱动车辆行驶,还可以将车辆滑行制动时的机械能转换成电能,并储存于动力蓄电池内。

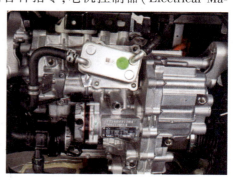

图2-52 某款车型的驱动电机系统

51

（2）驱动电机的分类。

按照结构和工作原理不同，目前的驱动电机有直流电机、交流异步电机、永磁同步电机、开关磁阻电机等几种。

①直流电机。直流电机通过定子绕组产生磁场，向转子绕组通入直流电，并用换向装置对绕组内的电流在适当时候进行换向，使转子绕组始终受到固定方向的电磁转矩（图2-53）。

②交流异步电机。交流异步电机的定子绕组通入交流电产生旋转的磁场，转子绕组切割磁力线产生感应电流，并受到电磁转矩而旋转。交流异步电机按照转子绕组不同，分为笼型转子和绕线转子2种（图2-54）。

图2-53　直流电机

图2-54　交流异步电机

③永磁同步电机。永磁同步电机的定子与交流异步电机类似，通入交流电产生旋转磁场，但转子用永磁体取代电枢绕组，电机转速与旋转磁场转速同步。目前，在新能源汽车上广泛采用永磁同步电机（图2-55）。

④开关磁阻电机。开关磁阻电机的定子和转子都是凸电极结构，只有定子上有绕组，转子无绕组。通过向定子各相绕组按一定次序通入电流，在电机内部产生磁场，此时转子受到电磁转矩并沿着与通电次序相反的方向转动（图2-56）。

图2-55　永磁同步电机

图2-56　开关磁阻电机

（3）新能源汽车对驱动电机的要求。

①宽调速范围：在恒转矩区，要求低速运行时具有大转矩，以满足新能源汽车起动和爬坡的要求；在恒功率区，要求低转矩时具有高的速度，以满足新能源汽车在平坦路面能够高速行驶的要求。

②高效率：在整个运行范围内具有很高的效率，以提高一次充电的续驶里程。

③能量回收：应能够在汽车减速时实现再生制动，将能量回收并反馈给蓄电池，使得新能源汽车具有最佳的能量利用率。

④高可靠性：应可靠性好，能够在较恶劣的环境下长期工作。

⑤高密度轻量化：应体积小、质量轻、结构简单坚固，以满足安装空间和整车布置、质量的限制。

⑥成本低：若驱动电机成本能够持续降低，从而降低新能源汽车的整体价格，提高性价比。

2）电机控制器

电机控制器是驱动电机系统的控制中心，它根据整车控制器发送来的整车转矩需求，从动力蓄电池获得对应功率的能量，将高压直流电经过逆变后转换成三相交流电，用于电机输出转速和转矩。

电机控制器通过CAN线与BMS、组合仪表等进行通信数据连接，同时采用一些传感器来检测工作状态，例如：

（1）电流传感器用以检测供给电机工作的实际电流。

（2）电压传感器用以检测供给电机控制器工作的实际电压。

（3）温度传感器用以检测电机控制系统的工作温度。

3）减速驱动桥

减速驱动桥主要由减速器和差速器组成。减速驱动桥主要用于降低转速、增大转矩，从而有效改变新能源汽车的传动比，以适应新能源汽车在不同情况下的行驶需求。

2. 驱动电机系统的维护要求

以吉利几何A-Pro车型为例，驱动电机系统为三合一结构，在进行维护作业时整体进行维护。

（1）检查驱动电机系统外观有无磕碰、渗漏、损坏或裂纹。通过将车辆举升，目测驱动电机底部有无磕碰、划伤、损坏的现象（图2-57）。

（2）检查驱动电机运行是否平稳，是否有振动或噪声。

（3）检查驱动电机系统的各类连接管路是否有渗漏、裂纹、老化。

（4）检查驱动电机系统所连接的高低压线束是否破损、老化、干燥。

（5）检查驱动电机系统所连接的高低压接插件连接是否可靠。

图2-57 驱动电机维护作业

（6）检测驱动电机的绝缘电阻是否正常。通过将驱动电机U/V/W接线端旋变拧开，用绝缘测试仪检测，阻值应符合标准。

（7）检查驱动电机上的温度传感器是否正常工作。

（8）检查驱动电机的定子绕组有无短接。

（9）检查减速驱动桥是否漏油，应按照用户手册定期更换减速驱动桥油。

（10）检查差速器防尘套的密封情况，是否有破损、漏油等。

（11）检查驱动电机润滑系统，视情况补充或更换润滑油。

（12）检查驱动电机系统的安装与固定情况，是否有松动。

（13）用专用故障诊断仪读取是否存在故障。

二、冷却系统的维护

1. 冷却系统概述

1)冷却系统的作用

冷却系统的作用是在所有工况下,保证驱动电机、电机控制器、高低压充电系统总成在最适宜的温度下工作。

冷却系统维护作业

2)冷却系统的结构

冷却系统主要由电动水泵、散热器、冷却风扇、冷却液膨胀罐、冷却液管、控制器箱体水套组件、电机水套组件等组成,具体介绍以下几种:

(1)电动水泵。电动水泵是冷却液循环的动力元件,用于对冷却液加压,促使冷却液在冷却系统中循环,以带走系统散发的热量。

(2)散热器及冷却风扇。散热器及冷却风扇的作用是提高流经散热器、空调冷凝器的空气流速和流量,以增强它们的散热能力,并冷却机舱其他附件。

(3)冷却液膨胀罐。冷却液膨胀罐的作用是为冷却系统冷却液的排气、膨胀和收缩提供受压容积,补充冷却液和缓冲"热胀冷缩"的变化,同时也作为冷却液加注口。

(4)冷却液。冷却液具有防结冰、防腐、防垢、防沸腾作用。该车型冷却液采用的规格是乙二醇型冷却液。

3)冷却系统的工作过程

冷却液在流经驱动电机、车载充电机等热源时,热源通过热传导将热量传递给冷却液,高温冷却液通过电动水泵提供的动力流经散热器时,将热量通过热传导传递给散热器芯体,冷却空气通过热对流将热量带走,完成换热过程。

2. 冷却液的检查

在检查前机舱任何部件之前,整车需要下电,将钥匙关闭,断开低压蓄电池负极。检查冷却液外观质量时,在打开散热器盖之前,必须确认电机、电机控制器以及散热器均已冷却,否则,可能会导致冷却液喷出,造成严重烫伤。

1)冷却液的质量检查

(1)冷却液外观检查。目视冷却液应外观清亮透明,无沉淀及悬浮物,无刺激性气味。

(2)冷却液冰点检测。冷却液冰点应该低于当地最低气温10℃以上,才可保证安全使用。冰点测量使用冰点仪进行(图2-58)。

2)冷却液液位检查

检查冷却液液位时,车辆必须停在平坦的地面上,在冷却液处于冷态时目视检查,检查冷却液膨胀罐中冷却液的高度应保持在"MAX"和"MIN"刻度线之间(图2-59)。如果冷却液液位低于"MIN"刻度线位置,应按照规定的程序给冷却液膨胀罐加注冷却液。

3. 电动水泵的检查

(1)检查电动水泵连接线束是否有老化、破损等现象,若有应及时更换。

(2)检查电动水泵接口有无渗漏痕迹,是否存在异响、停转现象(图2-60)。

(3)检查电动水泵是否能正常工作。

图 2-58　使用冰点仪对冷却液进行冰点测量　　　图 2-59　冷却液液位检查

4. 检查冷却系统有无泄露

(1) 检查冷却系统各管路及各零部件接口处是否存在泄露情况 (图 2-61)。

图 2-60　电动水泵的检查　　　　　　　　图 2-61　检查冷却系统有无泄露

(2) 检查散热器盖是否存在泄露,软管处有无泄漏,芯体是否老化、堵塞,若有予以更换。

5. 散热器的检查

(1) 检查散热器外表面是否存在积尘或杂物,若有应及时进行清理。可以在电机冷却后,在散热器后部使用压缩空气来冲走散热器或空调冷凝器的碎屑,严禁使用水枪对散热器散热片喷水清洗 (图 2-62)。

(2) 检查散热器是否工作正常。

6. 冷却风扇的检查

(1) 检查冷却风扇外观是否出现损坏、弯曲或杂物 (图 2-63)。

图 2-62　散热器的检查　　　　　　　　　图 2-63　冷却风扇的检查

新能源汽车维护与故障诊断

（2）检查冷却风扇叶片是否损坏或弯曲。
（3）检查冷却风扇的搭铁电路是否正常。

三、热管理系统

1. 热管理系统

吉利几何 A-Pro 车型装备的蓄电池是三元锂蓄电池，热管理系统负责蓄电池、电机的冷却和加热功能，保证车辆在 -30～50℃ 的温度范围内能够正常充电和行驶。冷却液循环系统采用两个冷却液回路对应加热和冷却系统，提高加热效率和冷却性能。

2. 热管理系统的工作模式

对于车载充电机、电机控制器和驱动电机来说，低温并不会影响他们的正常运行，因此，这些模块只需要完成冷却而不需要加热；但是动力蓄电池对于工作温度的要求较高，温度过高或过低都会影响动力蓄电池的工作性能和效率，因此，动力蓄电池冷却组件具有高温冷却和低温预热两种工作模式，确保最佳工作状态。

无论是对蓄电池加热还是冷却，都是为了保证动力蓄电池能够在适合的区间完成充放电，避免温度过低降低蓄电池活性，造成放电电流受限和续驶里程降低，也避免了动力蓄电池温度过高导致蓄电池损坏甚至自燃的风险。

 综合实践

检查与添加冷却液

一、准备工作

（1）实训场地：新能源汽车整车实训室（理实一体化实训室）。
（2）工具及车辆：作业工具套装、高压防护用具、检测工具、新能源汽车等。
（3）辅助资料：车辆维修手册、教材等。

二、实施步骤

1. 检查冷却液

（1）检测冷却液液位时，车辆必须停在平坦的地面上。
（2）检查冷却液膨胀罐中冷却液液位在"MAX"与"MIN"刻度线之间。
（3）如果冷却液膨胀罐中的冷却液正在沸腾，请勿进行任何操作，直至其冷却。
（4）如果冷却液液位低于"MIN"刻度线位置，按照规定的程序给冷却液膨胀罐加注冷却液。

冷却液的添加方法

2. 添加冷却液

冷却液膨胀罐压力盖（包括冷却液膨胀罐压力盖和散热器上部软管）必须在冷却系统完全冷却之后再打开。

对于几何 A-Pro 车型具有非热泵配置和间接式热泵配置两种形式,我们这里以非热泵配置为例进行讲解。

1)非热泵配置驱动电机冷却液加注步骤

(1)慢慢按逆时针方向转动压力盖。如果听到"嘶嘶"声("嘶嘶"声意味着里面仍有压力存在),等到声音消失后再打开(图 2-64)。

(2)继续转动压力盖并将其取下(图 2-65)。

图 2-64　转动冷却液膨胀罐压力盖

图 2-65　取下冷却液膨胀罐压力盖

(3)缓慢加注冷却液,直至膨胀罐内冷却液量达到 80% 左右,且液位不再下降(图 2-66)。

(4)起动车辆,不行驶,等待电机水泵运转 10min,排空电机回路中混入的空气(图 2-67)。

图 2-66　加注冷却液

图 2-67　起动车辆

(5)若发现冷却液膨胀罐内冷却液下降,及时补充冷却液,保持冷却液液位处于"MAX"线和"MIN"刻度线之间(图 2-68)。

(6)观察冷却液膨胀罐通气口,待冷却液膨胀罐通气口有持续冷却液流出且冷却液膨胀罐内冷却液液位不再下降后,拧紧冷却液膨胀罐压力盖,至此冷却液加注完成(图 2-69)。

2)非热泵配置暖风系统和动力蓄电池冷却液加注步骤

(1)起动车辆,且车辆处于非充电状态,同时长按空调面板上的 AUTO 按键和后风窗/外后视镜除霜按键至少 3s,AUTO 按键指示灯闪烁,车辆进入加注初始化状态(图 2-70)。

(2)慢慢按逆时针方向转动压力盖。如果听到"嘶嘶"声("嘶嘶"声意味着里面仍有压力存在),等到声音消失后再打开(图2-71)。

图 2-68　观察冷却液液位

图 2-69　拧紧冷却液膨胀罐压力盖

图 2-70　起动车辆长按 AUTO 键

图 2-71　转动冷却液膨胀罐压力盖

(3)继续转动压力盖并将其取下(图2-72)。
(4)加注冷却液,直至膨胀罐液位位于"MAX"线和"MIN"刻度线之间(图2-73)。

图 2-72　取下冷却液膨胀罐压力盖

图 2-73　加注冷却液

(5)若发现冷却液膨胀罐内冷却液下降,及时补充冷却液,保持冷却液液位处于"MAX"线和"MIN"刻度线之间,排气过程时长不小于10min(图2-74)。

（6）观察冷却液膨胀罐通气口，待冷却液膨胀罐通气口有持续冷却液流出且冷却液膨胀罐内冷却液液位不再下降，拧紧冷却液膨胀罐压力盖，至此冷却液加注完成（图 2-75）。

图 2-74　观察冷却液液位

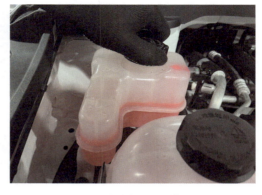
图 2-75　拧紧冷却液膨胀罐压力盖

驱动电机及冷却系统维护作业

任务引入
某客户来汽车 4S 店给自己的车辆做定期维护。假如你是一名新能源汽车维修技师，你将具体完成驱动电机及冷却系统的哪些维护作业项目呢？
信息收集
（1）驱动电机系统主要由驱动电机、_____和_____等组成。
（2）目前的驱动电机按照结构和工作原理不同，主要有_____、交流异步电机、_____、_____等几种。
（3）冷却系统主要由_____、_____、_____、冷却液膨胀罐、冷却液管、控制器箱体水套组件、电机水套组件等组成。
（4）_____是冷却液循环的动力元件。
（5）冷却液_____毒、有腐蚀性，如不慎溅到皮肤上应马上用大量清水冲洗。
计划与决策
（1）小组成员针对各自的工作计划展开讨论，并选出最佳工作计划。
（2）专业教师对各小组提交的工作计划进行点评。
（3）各小组成员根据专业教师的评价，对工作计划进行调整，调整后的工作计划即为最终实施方案。
任务准备
1. 车辆作业前预检

车辆 VIN 码	
车辆外观	□正常　□划痕　□破损　其他说明_____
车辆内饰	□正常　□划痕　□破损　其他说明_____

续上表

2. 高压安全作业前期准备

名称	现有状况		应对策略		
绝缘手套	□正常	□破损 □脏污 □过期	□更换	□维修	□清洁
绝缘鞋	□正常	□破损 □脏污 □过期	□更换	□维修	□清洁
护目镜	□正常	□破损 □脏污 □过期	□更换	□维修	□清洁
安全帽	□正常	□破损 □脏污 □过期	□更换	□维修	□清洁
绝缘工具套装	□正常	□破损 □脏污 □过期	□更换	□维修	□清洁
绝缘地垫外观	□正常	□破损 □脏污 □过期	□更换	□维修	□清洁
绝缘地垫绝缘阻值	□正常	绝缘阻值_____	□更换		
隔离栏	□正常	□破损 □脏污	□更换	□维修	□清洁
警示牌	□正常	□破损 □脏污	□更换	□维修	□清洁
灭火器	□正常	□过期	□更换		

任务实施

序号	项目	具体操作记录
1	场地准备	
2	设立安全监护人、持证上岗	
3	作业前现场环境检查	
4	驱动电机维护作业	
5	冷却系统维护作业	

总结评价

请根据自己在任务实施中的实际表现进行自我评价。

自我评价：_____

_____

任务考核评价表

项目	评分标准	配分	得分
任务引入	明确工作任务（新能源汽车驱动电机及冷却系统维护作业）	5	
信息收集	掌握新能源汽车驱动电机系统	5	
	掌握新能源汽车冷却系统	5	
计划与决策	制订新能源汽车驱动电机及冷却系统维护作业计划	5	
	结合最终计划能协同小组成员进行任务分工	5	
任务准备	完成车辆作业前预检	5	
	完成高压安全作业前期准备	5	

续上表

项目	评分标准	配分	得分
任务实施	作业前现场环境检查	5	
	驱动电机系统维护作业	20	
	冷却液检查	10	
	电动水泵检查	10	
	散热器检查	5	
	冷却风扇检查	5	
	管路检查	5	
总结评价	能够对自己在任务实施中的表现综合评价	5	
	总分	100	

任务4 空调系统维护作业

任务引入

某客户来汽车4S店给自己的车辆做定期维护。假如你是一名新能源汽车维修技师，你将具体完成空调系统的哪些维护作业项目呢？

任务要求

▶ **知识目标**

1. 掌握新能源汽车空调系统的关键部件；
2. 掌握新能源汽车空调系统维护。

▶ **技能目标**

1. 能够识别新能源汽车空调系统的关键部件；
2. 能够完成新能源汽车空调系统维护。

▶ **素养目标**

1. 培养学生的职业规范、安全意识和工匠精神；
2. 培养学生的职业道德和团队合作意识；
3. 培养学生的时间管理和自主学习能力。

知识储备

一、空调系统概述

汽车空调系统能使车内空气的温度、湿度、流速和清洁度等达到乘员满意的舒适度。制热系统可使乘员在天气寒冷的冬天着装轻便,为车窗除雾和除霜,保证乘坐舒适性和驾驶安全性;制冷系统则通过制冷和除湿,使乘员在炎热的夏天乘坐舒适,并能够除去风窗玻璃上的雾,给驾驶人一个清晰的视野,确保行车安全。

1. 汽车空调系统特点

评价汽车空调质量的指标主要有4个,即温度、湿度、风速和清洁度。

(1)温度。人体感觉舒适的温度,夏季是22~28℃,冬季是16~18℃。温度低于14℃时,人会感觉到"冷",温度越低,手脚动作就会越僵硬,驾驶人将不能灵活操作。温度超过28℃时,人就会觉得燥热,精神集中不起来,容易造成交通事故。

(2)湿度。人体感觉舒适的相对湿度,夏季是50%~60%,冬季是40%~50%。在这种湿度环境中,人会觉得心情舒畅。湿度过低,皮肤会痒;湿度过高,人会觉得闷。

(3)风速。人在流动的空气中比在静止的空气中要感觉舒适,因为流动的空气能促进人体内外散热。一般空气流速在0.2m/s以下为好,并且以低速变动为佳。

(4)清洁度。由于车内空间小,乘员密度大,全封闭空间的空气极易产生缺氧(O_2)和二氧化碳(CO_2)浓度过高的现象,造成车内空气浑浊,严重影响乘员的身体健康,因此,必须对车内空气进行净化处理。

2. 汽车空调系统的组成

(1)制冷系统。该系统对车厢内的空气或由外部进入车厢内的新鲜空气降温除湿,使其变得凉爽;其主要由压缩机、冷凝器、储液干燥器、膨胀阀、蒸发器、密封管路及控制系统等组成。

(2)制热系统。该系统对车厢内的空气或由外部进入车厢内的新鲜空气加热,进行取暖、除湿;其主要由PTC加热器、水阀、水管、冷却液组成。

(3)通风系统。该系统将外部的新鲜空气吸入车厢内,进行换气。通风分为内循环和外循环,使用内循环时,车内空气基本不与外界交流;使用外循环时,位于机舱盖下的新风口会将外界的空气源源不断地送进来,以保持车内空气的清新。该系统主要由鼓风机、风道、风门和出风口等组成。

(4)控制系统。该系统主要由A/C开关、空调ECU、鼓风机开关、调速电阻器、各种温度传感器及继电器组成。它可以控制电动压缩机的吸合与断开,还可以控制车内空气的流速、方向和温度。

3. 空调系统的关键零部件组成

空调系统主要由压缩机、冷凝器、膨胀阀、蒸发器、PTC加热器和散热器等组成。

(1)压缩机是汽车空调制冷系统的心脏,其作用是吸入来自蒸发器的低温、低压的气态制冷剂,将其压缩为高温、高压的气态制冷剂,并将制冷剂送往冷凝器。

(2)冷凝器将压缩机排出的高温、高压气态制冷剂冷凝成高温(50~55℃)、高压(1100~1400kPa)的液态制冷剂,制冷剂在冷凝器中散热而发生状态的改变,冷凝器将热量散发到大气中。冷凝器的散热面积越大,冷却效果越好。

(3)膨胀阀具有节流降压和自动调节制冷剂流量的作用。它使从冷凝器过来的高温、高压液态制冷剂节流降压,成为容易蒸发的低温、低压雾状制冷剂进入蒸发器,同时根据制冷负荷的改变和压缩机转速的变化,自动调节制冷剂进入蒸发器的流量以满足制冷循环的需要。

(4)蒸发器将经过节流降压后的液态制冷剂在蒸发器内蒸发汽化,吸收蒸发器表面周围空气的热量而使之降温,鼓风机将冷风吹到车室内,达到降温目的。

(5)PTC加热器是采用PTC热敏电阻元件为发热源的一种加热器。它的电阻随湿度变化而急剧变化,当外界温度降低,PTC电阻值随之减小,发热量反而会相应增加。

(6)散热器是经过散热器风扇把流经其内部的高温、高压制冷剂的热量散至周围空气中。

4. 空调系统的工作原理(图2-76)

(1)制冷工作原理。新能源汽车空调制冷系统和传统汽车比较,只是压缩机驱动方式由机械式变成了电机驱动,其制冷原理基本一致。当启动汽车空调系统之后,整车控制器发出指令通过压缩机控制器来驱动压缩机工作,驱使制冷剂在密封的空调系统中循环。压缩机将气态制冷剂压缩成高温、高压的制冷剂气体后排出压缩机,并经管路流入冷凝器后,在冷凝器内散热、降温,冷凝成高温、高压的液态制冷剂流出。高温、高压液态制冷剂经管路进入干燥储液器内,经过干燥、过滤后流进膨胀阀节流,其状态发生急剧变化,变成低温、低压的液态制冷剂进入蒸发器,在蒸发器内吸收流经蒸发器的空气热量,使空气温度降低,吹出冷风,产生制冷效果。

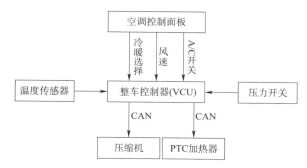

图2-76 空调系统的工作原理

(2)制热工作原理。新能源汽车大都采用了PTC加热系统进行制热。当车辆起动后,打开空调制热开关,动力蓄电池对PTC加热器进行供电,气流在鼓风机的作用下经过PTC加热器产生热量传递。外部空气与加热后的空气混合,通过出风口吹出舒适的暖风,从而实现制热效果。

二、空调系统的维护

1. 检查空调系统制冷、制热的温度调节是否正常

空调系统的维护

打开鼓风机至最大风速挡,打开空调A/C开关并调节出风口模式为面部吹风,将出风口温度计放入面部出风口中,检测出风口温度(图2-77)。通过调节温度旋钮或拉杆,观察其在不同位置时,出风口温度变化是否正常,并监测其最低温度是否正常。

2. 检查出风口模式

打开鼓风机并将风量调节至最大风速挡,旋转出风模式旋钮,使其依次在各个位置各停留一段时间,检查对应出风口位置出风量是否正常(图2-78)。通过关闭或打开出风口开关,检查

其工作是否正常,上下、左右调节出风口方向,检查其工作是否正常,同时检查出风口处是否有杂物。应及时清除在前围挡板下部进风口上的任何杂物,否则,它们会阻碍气流进入车内。

图 2-77　检查空调系统制冷、制热的温度调节是否正常　　　图 2-78　检查出风口模式

3. 检查鼓风机

将出风口模式调至面部吹风位置,打开温度调节开关并依次在每个挡位停留,感觉面部出风口风量大小及判断鼓风机转动情况。可以将鼓风机开至低、中、高挡,检查鼓风机在工作时是否存在异响,风速调节是否正常,检查不同模式是否可以正常切换(图 2-79)。若需更换鼓风机调速模块时,拆下时应先取出鼓风机调速模块,再断开鼓风机调速模块的线束连接器,安装时顺序相反。

4. 检查空调滤芯

空调滤芯是安装在空调通风系统鼓风机前端的空气净化装置。空调滤清器位于杂物箱后方,它可有效阻隔和过滤吸入车内的外界空气中的灰尘、花粉、粉尘等极微小颗粒物,且具备杀菌功能。当开启车内室外循环模式时,外界的空气经过空调滤芯过滤后进入驾驶室内部,保证驾驶室内部空气的清洁。要定期检查空调滤芯的清洁情况(图 2-80),在污染不严重的情况下可以采用高压空气对其表面进行吹尘清理,若空调滤芯污染严重,则需更换空调滤芯。建议每 8000km 或 9 个月更换空调滤芯。

图 2-79　检查出风口风量　　　图 2-80　检查并更换空调滤芯

5. 检查 PTC 加热器

PTC 加热器具有结构简单、成本低、制热快的优点,但是也存在热能利用率低、耗电量大的缺点。检查 PTC 加热器外表面是否有杂物,连接线束是否有破损(图 2-81),连接螺栓是

否紧固。检查 PTC 加热器正负极的绝缘电阻是否正常，支架安装是否牢固。

6. 检查压缩机

压缩机是空调制冷系统制冷剂循环的动力。检查压缩机外表面是否有杂物，工作声音是否正常，电缆线接头螺栓是否松动、表面有无烧蚀（图 2-82），确认拧紧力矩是否符合要求，检查压缩机有无漏液、异响，检查支架安装是否牢固。

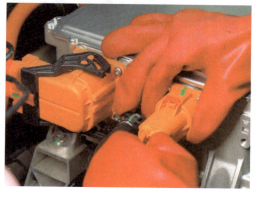

图 2-81　检查 PTC 加热器　　　　　　　图 2-82　检查压缩机

7. 检查冷凝器、散热风扇

检查冷凝器、散热风扇等部件外部是否变形（图 2-83）。若产生变形则需对散热片进行矫正，也可以通过使用高压气体或喷雾器对散热片进行疏通和清洁。检查散热风扇是否工作正常，是否有杂物。

8. 检查电动水泵

观察电动水泵是否正常工作，是否有异响（图 2-84）。

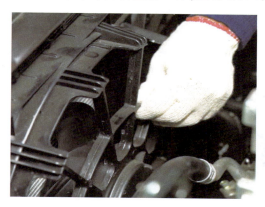

图 2-83　检查散热风扇　　　　　　　图 2-84　观察电动水泵是否正常工作

9. 检查空调管路

检查空调高低压管路外表面是否完好，是否有泄漏、破损，各管路连接情况是否完好，连接部件是否齐全，安装是否到位（图 2-85）。

10. 检查冷热交换器

检查冷热交换器各接口是否松动，是否有液体泄露（图 2-86）。

图2-85 检查空调管路

图2-86 检查冷热交换器

图2-87 检查制冷剂压力是否合适

11. 检查制冷剂压力

检查制冷剂压力是否合适(图2-87)。注意每次维护后应归零,一般密封情况下不更换。

12. 检查压力开关

检查压力开关是否损坏,若损坏则应及时更换压力开关。

13. 检查插件

检查插件内插针是否有退针、弯曲等异常现象,如有则修复或更换。

14. 确认故障

用专用故障诊断仪读取是否存在故障。

三、空调系统使用注意事项

(1)如果存放车辆或是不使用车辆达到2个星期或更长时间,请在运行准备就绪指示灯点亮时,开启空调制冷模式运行3~5min。这可以使压缩机得到充分润滑,最大限度地降低系统因长时间不用再次启动时压缩机受损的可能性。

(2)行驶于多灰尘路段时,请关闭所有的车窗,并应保持使用内循环模式。

(3)不要让树叶或其他杂物挡住前风窗玻璃附近的进风口。

(4)保持前座椅下方通畅,以利于空气循环。

综合实践

加注空调制冷剂

一、准备工作

(1)实训场地:新能源汽车整车实训室(理实一体化实训室)。

空调系统制冷剂的加注

(2)工具及车辆:作业工具套装、高压防护用具、检测工具、新能源汽车等。
(3)辅助资料:车辆维修手册、教材等。

二、实施步骤

1. 使用歧管压力表与真空泵对制冷系统抽真空

(1)将歧管压力表高低压管的快速接头分别与空调制冷系统的高低压管连接(图2-88)。
(2)将歧管压力表中间黄色的维护管与真空泵的吸气口连接(图2-89)。

图2-88　连接歧管压力表高低压管　　　　图2-89　连接维护管与真空泵的吸气口

(3)打开歧管压力表高低压阀门和维护管前端的阀门,并启动真空泵(图2-90)。
(4)连续抽真空15min以上,关闭歧管压力表的手动阀和真空泵,停置5~15min后,对系统进行真空捡漏(图2-91)。

图2-90　启动真空泵　　　　　　　　　　图2-91　连续抽真空

(5)若系统不存在泄漏,则继续抽真空20~30min,关闭歧管压力表高、低压手动阀,关闭真空泵,结束抽真空工作(图2-92)。

2. 使用歧管压力表对空调制冷系统进行加注

(1)连接维护管接口与制冷剂管,使用专用工具排放多余的空气,当通过观察孔观察到全为制冷剂后,打开制冷剂管阀门(图2-93)。
(2)在车辆不起动的情况下,先打开高压阀门,使制冷剂从高压侧充入制冷系统中(图2-94)。

图 2-92　关闭歧管压力表高低压手动阀

图 2-93　连接维护管接口与制冷剂管

（3）观察歧管压力表中间的观察孔及高、低压表指针变化，当制冷剂不再向高压侧流动时，关闭歧管压力表的高压阀门（图 2-95）。

图 2-94　制冷剂从高压侧充入制冷系统

图 2-95　观察歧管压力表中间的观察孔及高、低压表指针变化

（4）起动车辆并打开空调，将温度调至最冷，运行 2min 后，缓慢打开歧管压力表的低压阀门，并观察高低压侧的压力变化（图 2-96）。

（5）当歧管压力表高低压侧压力合适，且出风口有冷风吹出时，关闭歧管压力表低压侧阀门，然后关闭制冷剂罐阀门，取下歧管压力表，复位工具（图 2-97、图 2-98）。

图 2-96　起动车辆并打开空调

图 2-97　关闭制冷剂罐阀门

（6）为了查看是否有泄露情况,将泡沫水喷在汽车高低压管加注处,如果有泄漏,会有气泡产生,应该拧紧加注口气门芯,若有必要的话可以进行更换(图2-99)。

图2-98　取下歧管压力表

图2-99　查看是否有泄漏情况

空调系统维护作业

任务引入
某客户来汽车4S店给自己的车辆做定期维护。假如你是一名新能源汽车维修技师,你将具体完成空调系统的哪些维护作业项目呢?
信息收集
（1）评价汽车空调质量的指标主要有4个,即＿＿＿＿、＿＿＿＿、＿＿＿＿和＿＿＿＿。 （2）汽车空调系统的组成:＿＿＿＿系统、＿＿＿＿系统、＿＿＿＿系统和＿＿＿＿系统。 （3）＿＿＿＿是汽车空调制冷系统的心脏,其作用是吸入来自蒸发器的低温、低压的气态制冷剂,压缩为高温、高压的气态制冷剂,并将制冷剂送往冷凝器。 （4）建议每8000km或9个月更换＿＿＿＿。 （5）新能源汽车空调系统制热一般采用＿＿＿＿元件。
计划与决策
（1）小组成员针对各自的工作计划展开讨论,并选出最佳工作计划。 （2）专业教师对各小组提交的工作计划进行点评。 （3）各小组成员根据专业教师的评价,对工作计划进行调整,调整后的工作计划即为最终实施方案。
任务准备
1.车辆作业前预检

车辆VIN码	
车辆外观	□正常　□划痕　□破损　其他说明＿＿＿＿
车辆内饰	□正常　□划痕　□破损　其他说明＿＿＿＿

续上表

2. 高压安全作业前期准备

名称	现有状况		应对策略		
绝缘手套	□正常	□破损□脏污□过期	□更换	□维修	□清洁
绝缘鞋	□正常	□破损□脏污□过期	□更换	□维修	□清洁
护目镜	□正常	□破损□脏污□过期	□更换	□维修	□清洁
安全帽	□正常	□破损□脏污□过期	□更换	□维修	□清洁
绝缘工具套装	□正常	□破损□脏污□过期	□更换	□维修	□清洁
绝缘地垫外观	□正常	□破损□脏污□过期	□更换	□维修	□清洁
绝缘地垫绝缘阻值	□正常	绝缘阻值_____	□更换		
隔离栏	□正常	□破损□脏污	□更换	□维修	□清洁
警示牌	□正常	□破损□脏污	□更换	□维修	□清洁
灭火器	□正常	□过期	□更换		

任务实施

序号	项目	具体操作记录
1	场地准备	
2	设立安全监护人、持证上岗	
3	作业前现场环境检查	
4	制冷系统的维护	
5	制热系统的维护	
6	通风系统的维护	
7	控制系统的维护	

总结评价

请根据自己在任务实施中的实际表现进行自我评价。
自我评价：_____
_____
_____

任务考核评价表

项目	评分标准	配分	得分
任务引入	明确工作任务（新能源汽车空调系统维护作业）	5	
信息收集	掌握空调系统的组成、特点、工作原理	5	
	掌握空调系统的维护作业项目	5	
计划与决策	制订新能源汽车空调系统维护作业计划	5	
	结合最终计划能协同小组成员进行任务分工	5	

续上表

项目	评分标准	配分	得分
任务准备	完成车辆作业前预检	5	
	完成高压安全作业前期准备	5	
任务实施	作业前现场环境检查	5	
	制冷系统的维护	30	
	制热系统的维护	10	
	通风系统的维护	10	
	控制系统的维护	5	
总结评价	能够对自己在任务实施中的表现综合评价	5	
总分		100	

任务5 底盘系统维护作业

任务引入

某客户来汽车4S店给自己的车辆做定期维护。假如你是一名新能源汽车维修技师，你将具体完成底盘系统的哪些维护作业项目呢？

任务要求

▶ 知识目标

1. 熟悉新能源汽车行驶系统维护作业；
2. 掌握新能源汽车制动系统维护作业；
3. 掌握新能源汽车转向系统维护作业。

▶ 技能目标

1. 能够正确检查悬架和轮胎；
2. 能够正确对制动系统进行维护；
3. 能够正确对转向系统进行维护。

▶ 素养目标

1. 培养学生的职业规范、安全意识和工匠精神；
2. 培养学生的职业道德和团队合作意识；
3. 培养学生的时间管理和自主学习能力。

知识储备

新能源汽车底盘系统主要由行驶系统、制动系统、转向系统、传动系统组成，主要用于支撑、安装驱动电机等部件，并利用驱动电机产生的动力使车辆正常行驶。下面我们以行驶系统、制动系统、转向系统为例来讲解底盘系统的维护作业项目。

一、行驶系统维护作业

行驶系统利用传动轴的动力，驱动车轮与地面作用，产生牵引力，从而确保车辆正常行驶。行驶系统主要由车架、车桥、车轮和悬架等组成。我们主要介绍悬架、轮胎的维护作业。

行驶系统维护作业

1. 悬架的检查

（1）检查悬架减振器是否磨损。

（2）检查悬架减振器是否漏油。

（3）检查悬架减振器的防尘罩是否有裂纹、裂缝或破损，若有，应及时更换。

（4）检查车辆两侧悬架减振器的减振效果是否良好。

图2-100　检查悬架

（5）检查悬架的螺旋弹簧是否松弛或折断，必要时应及时更换（图2-100）。

（6）检查悬架上是否有零件松动、损坏或缺失，是否有磨损。

（7）检查悬架的摩擦力是否符合要求。

2. 轮胎的检查

汽车车轮外围安装的环形橡胶制品，通称车胎。轮胎必须具备正确的充气压力才能有效工作，轮胎能够减弱沿地面行驶时产生的振动。

1）轮胎气压的检查

（1）胎压检测仪。胎压检测仪可以实时检测汽车轮胎，延长轮胎使用寿命，使行车更为经济，可减少悬架系统的磨损（图2-101）。要经常检查所有轮胎胎压是否保持在推荐的压力值范围。当胎压过高时，会减小轮胎与地面的接触面积，而此时轮胎所承受的压力相对提高，轮胎的抓地力会受到影响。当车辆经过沟坎或颠簸路面时，轮胎内没有足够空间吸收振动，除了影响行驶的稳定性和乘坐舒适性外，还会造成对悬架系统的冲击力度加大，由此也会带来危害。当胎压过低时，会使轮胎滚动阻力增大从而导致耗电量升高。

轮胎的维护

（2）胎压检测。从轮胎气门芯上拆下气门帽，将轮胎气压表用力按到气门上，测量压力读数（图2-102）。不同车型的轮胎胎压标准范围不同，只要在本车型的规定范围内就可以。一般在轮胎胎侧上有轮胎可承受的最高气压，合理的气压为轮胎上标注最高气压的70%～80%，但气压最好不要高于轮胎上标注的最高气压。注意应在轮胎处于冷态时检查轮胎压力。

2）轮胎花纹深度检查

（1）轮胎花纹深度尺。轮胎花纹深度尺可以用来测量轮胎的厚度（图2-103）。

（2）轮胎花纹深度检测。检查轮胎花纹深度是否符合标准。《机动车运行安全技术条件》（GB 7258—2017）中规定乘用车轮胎胎冠上的花纹深度在磨损后应不少于1.6mm。一般来说，在轮胎胎纹深度标准检查中，轮胎胎纹深度标准是：大于3.5mm是良好状态，2.5～3.5mm是正常状态，小于2.5mm是需要更换的状态，到了极限值1.6mm时就必须更换了（图2-104）。

图2-101　胎压检测仪

图2-102　轮胎气压检查

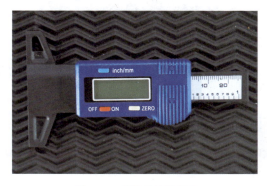

图2-103　轮胎花纹深度尺

图2-104　轮胎花纹深度检测

（3）轮胎交叉换位。由于车辆行驶时前后轮磨损情况不同，为保持轮胎磨损均匀，延长使用寿命，应定期对车辆上的轮胎交叉换位。前轮驱动一般采用交叉换位（图2-105），后轮驱动一般采用同向前后轮直接对调（图2-106），同时外径稍大的轮胎应安装于外轮。

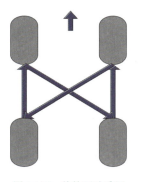

图2-105　前轮驱动采用
交叉换位

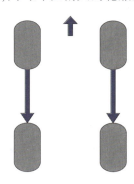

图2-106　后轮驱动采用同向
前后轮直接对调

轮胎换位后，按照车辆上的胎压标签所示调节前后轮胎的充气压力。

(4)轮胎的其他检查。

①检查轮胎外观是否有划伤、鼓包(图2-107)。

②检查轮胎气门嘴是否漏气。

③检查轮胎螺栓孔是否存在滑脱、腐蚀等。

④定期使用专用工具更换轮胎(图2-108),但不要随意更换轮胎的大小,最好更换同规格的轮胎。一般来说,如果开车不多,6万km或8年也要定期完成轮胎更换。

图2-107　检查轮胎外观　　　　　图2-108　使用专用工具更换轮胎

⑤翻修后的轮胎不要在前轮上使用;前轮尽量使用竖线条胎纹的轮胎,后轮尽量选用横线条胎纹的轮胎。

(5)更换轮胎。

更换轮胎时应确保新轮胎的尺寸、负荷范围、额定速度及结构类型与原装轮胎相同,建议4个轮胎一起更换。判断何时需要更换轮胎的方法是:检查胎面磨损指示器,当车轮磨损到只剩下1.6mm或更少的胎面时该指示器就会出现。

如果出现以下情况之一,则需要更换轮胎:

①轮胎上至少有3处地方露出磨损指示器。

②可以看到有帘线或帘布透过轮胎橡胶显露出来。

③胎面或侧壁出现断裂、切开或者裂口,并且深到足以看到帘线或帘布的程度。

④轮胎鼓包、隆起或分层。轮胎被戳破、切开或有其他损坏,且损坏面积或部位无法完全修复。

二、制动系统维护作业

制动系统主要用于使行驶中的车辆按照驾驶人的要求进行强制减速或停车,使已停止行驶的车辆在各种路况下都能驻车,使下坡行驶的车辆保持车速稳定。良好的制动效能对保证行车安全有着重要作用。制动系统需要维护作业的项目很多,这里我们主要以制动盘、制动衬块、制动液、电动真空助力装置、制动踏板的维护为例进行具体介绍(图2-109、图2-110、图2-111)。

1. 制动盘的维护

根据《汽车用制动盘》(GB/T 34422—2017)规定,制动盘应在最显著位置注明最小使用厚度,标识应清晰、永久,同时制动盘应无裂纹、冷隔、缩孔等缺陷,缺陷不允许焊补、修补,制动盘摩擦面、安装面以及与车轮耦合面不应有磕碰伤和毛刺,锐边应倒钝。

图 2-109　制动盘

图 2-110　制动液

检查前、后制动盘(图 2-112),一般通过游标卡尺进行厚度测量;若标准厚度为 25mm,当制动盘厚度小于 23mm 时,则更换为使用百分表检测制动盘端面最大圆跳动,如果大于 0.025mm,应予以维修或更换。

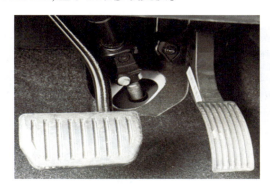

图 2-111　制动踏板

图 2-112　检查制动盘

当制动盘出现如下现象之一时,即判定制动盘样品失效:
(1)制动盘摩擦面的径向裂纹长度超过制动盘摩擦面宽度的 2/3。
(2)制动盘摩擦面的裂纹达到制动盘摩擦面的内径或外径。
(3)制动盘摩擦面上有贯穿性径向裂纹。
(4)在摩擦面外的任何区域有任何类型的结构损伤或裂纹。

这里需要注意:制动是靠制动盘和制动衬块摩擦来实现的,是将动能转化为热能的过程,所以会产生热量,制动盘在制动后发热属于正常现象,停车后不要用手摸制动盘,以免烫伤。

2. 制动衬块的维护

磨损的制动衬块不能对车辆实施有效制动,制动衬块的磨损程度主要取决于车辆使用条件及驾驶方式,按照规定的维护周期增加制动衬块厚度的检查次数。每一款车所使用的制动衬块都有所不同,可以查阅车辆维修手册。对于一般汽车,前、后制动衬块标准厚度为

11mm,若低于使用说明中的规定值,应及时更换,在更换制动衬块时应左轮、右轮同时更换。有的制动衬块上带有制动衬块磨耗记号,在检查中可以从制动钳的检视孔进行观察,当从检视孔里发现制动衬块的厚度小于规定时,应同时更换两侧车轮的制动衬块(图2-113)。

对于制动衬块,我们可以采用游标卡尺进行测量,通过直接测量或者取差值测量,测量值在标准值范围内即可(图2-114)。

图2-113 检查制动衬块

图2-114 取差值测量制动衬块的厚度

3. 制动液的维护

制动液又称刹车油,它是一种特殊的油液,是制动产生的必要条件,它可以提高制动效能,防止制动系统管路腐蚀、堵塞,确保制动系统在制动时运转正常。如果不定期进行维护,由于制动液易吸收水分,会大大降低制动性能,可能导致制动管路腐蚀、堵塞,导致制动变软无力,可能引起制动失灵,影响驾驶人安全行车。

1)制动液的特点

(1)制动液具有吸水性,空气中的水分会从制动油壶的透气孔渗入,导致制动油水分超标,制动油的沸点降低,影响制动效果。

(2)制动液具有腐蚀性,沾到身上要用大量水清洗,如果长时间不更换制动液,也可能会腐蚀制动系统,给行车带来一定的安全隐患。安全起见,建议驾驶人按照用户手册指南要求定期更换制动液。

2)制动液的检测

制动液的检测主要包括容量、规格及制动液含水量。

(1)检测制动液的容量与规格是否符合标准。如吉利几何A-Pro车型的真空助力器制动液油量为790mL,智能助力器制动液油量为720mL,制动液的规格是DOT4。

(2)检测制动液的含水量是否符合标准。快速检测制动液的好坏,便于及时更换制动液,但制动液的含水量我们无法用肉眼判断,可以通过使用专业检测仪器进行检查(图2-115)。当制动液达到一定含水量时,高温会使水分蒸发汽化,进而在制动液管路形成气阻,导致制动迟钝、滞后甚至失灵。

(3)检查制动液液位是否在"MAX"和"MIN"刻度线之间(图2-116),检查制动液是否泄漏,因为制动液液位会因制动衬块的正常磨损而下降,制动液压系统中的制动液泄漏也会导致制动液液位降低,制动液泄漏会导致制动器无法正常工作。

图2-115 检测制动液的含水量

图2-116 检查制动液液位

3）更换制动液

制动液更换标准主要是对于维修企业，严格按照2年更换周期提醒驾驶人及时更换制动液；对于部分车辆，需要采用制动液含水量测试的方法鉴别制动液。如果制动液出现混浊、脏污必须更换；使用错误的油液会严重损坏制动液压系统零部件。

4. 电动真空助力装置的维护

（1）检查电动真空助力装置的工作状况。

（2）检查电动真空泵与制动软管连接处、真空罐与制动软管连接处是否漏气。

（3）检查各制动软管是否老化、破损。

（4）检查电动真空泵有无异响、异味，真空泵控制器的接插件及连接线束有无变形、发热。

5. 制动踏板的维护

按照车辆维修手册，对于制动踏板一般主要检查以下3个方面：

（1）检查制动踏板胶皮是否磨损过度。

（2）制动踏板自由行程是否在规定范围。

（3）高度是否合理。

当踩下制动踏板时，检查制动踏板是否存在反应灵敏度低、踏板不完全落下、异常噪声、过度松动的故障，如果存在这种情况要及时进行制动踏板的调整。

（1）检查制动踏板高度。可以使用一把直尺测量制动踏板高度，如果超出规定范围，应当调整制动踏板高度，同时检查制动踏板的自由行程。

（2）检查制动踏板自由行程。可以通过连续踩几下制动踏板，以解除制动助力，然后用手指轻轻按压制动踏板，并且使用一把直尺测量制动踏板的自由行程，其应在规定的范围内。

三、转向系统的维护

汽车转向系统的性能是汽车的主要性能之一，转向系统的性能直接影响到汽车的操纵稳定性，它对于确保车辆安全行驶、减少交通事故以及保护驾驶人的人身安全、改善驾驶人的工作条件起着重要的作用。汽车转向系统是按照驾驶人的意图改变汽车行驶方向和保持汽车稳定的直线行驶。电动转向系统主要由转向盘、转向助力电机、转向器、转向横拉杆等机械装置和转向转矩传感器、转向电子控制单元(ECU)、车轮轮速传感器等电子元件组成。

电动助力转向系统(EPS)的转向控制器根据各传感器输出的信号,计算所需的转向助力,并通过功率放大模块控制助力电机的转动,电机的输出经过减速机构减速增扭后,驱动齿轮齿条机构产生相应的转向助力。

转向系统维护作业

1. 转向盘的检查

(1)转向盘摆动情况检查。前后左右晃动检查转向盘旷动情况,检查是否松动或发出"吱吱"声。如果发现缺陷,应及时维修或更换(图2-117)。

(2)转向盘自由行程检查。车辆停在水平地面上,转动转向盘,使车朝向正前方,左右轻轻转动转向盘,检查转向盘的自由行程(一般为0~30mm)。如果发现有问题,应及时维修或更换。

(3)转向盘回正能力检查。在车辆低速行驶的过程中,先将转向盘顺时针或逆时针转动90°,再松开手1~2s,观察转向盘的回正情况,若可以自动转回70°以上,则说明转向盘的回正能力正常。

2. 转向电机及控制器的检查

(1)检查转向电机及转向控制器的工作状况是否正常(图2-118)。

图2-117 转向盘检查

图2-118 转向电机检查

(2)检查转向电机及控制器外观是否有磕碰、裂痕、破损,是否有杂物、积尘。

(3)检查转向电机的螺栓是否连接牢靠。

(4)检查转向电机控制器连接线束是否良好,接插件是否连接牢固。

(5)检查转向电机及控制器的固定及安装情况。

3. 转向助力功能检查

(1)在道路试车过程中,通过原地转向、低速行驶中转向,检测转向时方向是否有沉重、助力效果不足等故障。

(2)将转向盘分别向左右打至极限位置,检测是否有转向盘抖动、转向电机异响等故障(图2-119)。

4. 转向横拉杆状态的检查

(1)举升车辆(车轮悬空),通过摆动车轮和转向横拉杆来检查间隙是否符合要求。

（2）检查转向横拉杆球头的固定螺母是否牢固（图2-120）。

图2-119 转向助力功能检查

图2-120 转向横拉杆状态检查

（3）检查转向横拉杆球头的防尘罩有无损坏、安装位置是否正确。
（4）检查转向横拉杆球头是否工作正常。

5. 调整转向盘的位置

（1）将转向盘转到向前直线方向行驶位置。
（2）完全松开转向盘锁止杆。
（3）用双手握紧转向盘，将转向盘前后、上下调整到最合适位置。
（4）选择好合适的转向盘位置后，完全拉起转向盘锁止杆，将转向盘锁定在新的位置上。

综合实践

检查轮胎气压及轮胎花纹深度

一、准备工作

（1）实训场地：新能源汽车整车实训室（理实一体化实训室）。
（2）工具及车辆：作业工具套装、高压防护用具、检测工具、新能源汽车等。
（3）辅助资料：车辆维修手册、教材等。

二、实施步骤

1. 检查轮胎气压

（1）拧掉轮胎气门芯嘴盖子。
（2）按住胎压表气管的夹子，扶正对准轮胎气门芯嘴，扶正夹子连接的卡片，然后松开夹子。
（3）胎压表将显示轮胎气压。
（4）依次完成4个轮胎胎压的检测，并与该车型的轮胎胎压标准值进行对比，4个车轮测试值均在该车型标准范围内，表明该车胎压正常（图2-121）。
（5）测试完毕后，按住夹子，拔下气嘴，给胎压表进行放气归零，最后拧回轮胎气门冒盖。

图 2-121　4 个车轮的胎压测试

2. 检查轮胎花纹深度

（1）开启轮胎花纹深度尺的电源，按住轮胎花纹深度尺的"ON"键。

（2）置零设置。将深度尺量面紧贴平面，将测试杆推到底，确保测试杆与量面齐平，按下"ZERO"键置零即可。

（3）胎纹测试。将深度尺垂直紧贴轮胎胎面上，把测量杆插入花纹沟槽底部，当显示区显示数值保持不变时，取出深度尺读取数值并做好记录。

（4）依次测试 4 个轮胎的轮胎花纹深度均大于 4.2mm（图 2-122），表明轮胎仍处于良好状态。

（5）测试完毕后，按住轮胎花纹深度尺"OFF"键，关闭电源。

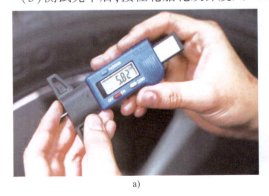
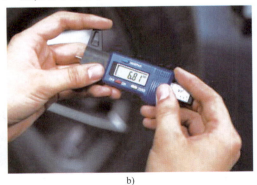

图　2-122

项目二 新能源汽车维护作业

c)

d)

图 2-122　4 个轮胎的花纹深度

底盘系统维护作业

任务引入
某客户来汽车 4S 店给自己的车辆做定期维护。假如你是一名新能源汽车维修技师，你将具体完成底盘系统的哪些维护作业项目呢？
信息收集
（1）新能源汽车底盘系统主要由＿＿＿＿、＿＿＿＿、＿＿＿＿、＿＿＿＿组成。 （2）检查转向盘的自由行程一般为＿＿＿＿ mm。 （3）《机动车运行安全技术条件》（GB 7258—2017）中规定行驶系统中乘用车轮胎胎冠上的花纹深度在磨损后应不少于＿＿＿＿ mm。 （4）制动液具有＿＿＿＿和＿＿＿＿。 （5）当制动液达到一定含水量时，高温会使水分蒸发汽化，进而在制动液管路形成＿＿＿＿，导致制动迟钝、滞后甚至失灵。
计划与决策
（1）小组成员针对各自的工作计划展开讨论，并选出最佳工作计划。 （2）专业教师对各小组提交的工作计划进行点评。 （3）各小组成员根据专业教师的评价，对工作计划进行调整，调整后的工作计划即为最终实施方案。
任务准备
1. 车辆作业前预检

车辆 VIN 码	
车辆外观	□正常　□划痕　□破损　其他说明＿＿＿＿＿＿
车辆内饰	□正常　□划痕　□破损　其他说明＿＿＿＿＿＿

81

续上表

2. 高压安全作业前期准备

名称	现有状况		应对策略		
绝缘手套	□正常	□破损□脏污□过期	□更换	□维修	□清洁
绝缘鞋	□正常	□破损□脏污□过期	□更换	□维修	□清洁
护目镜	□正常	□破损□脏污□过期	□更换	□维修	□清洁
安全帽	□正常	□破损□脏污□过期	□更换	□维修	□清洁
绝缘工具套装	□正常	□破损□脏污□过期	□更换	□维修	□清洁
绝缘地垫外观	□正常	□破损□脏污□过期	□更换	□维修	□清洁
绝缘地垫绝缘阻值	□正常	绝缘阻值＿＿＿＿＿	□更换		
隔离栏	□正常	□破损□脏污	□更换	□维修	□清洁
警示牌	□正常	□破损□脏污	□更换	□维修	□清洁
灭火器	□正常	□过期	□更换		

任务实施

序号	项目	具体操作记录
1	场地准备	
2	设立安全监护人、持证上岗	
3	作业前现场环境检查	
4	转向盘的检查	
5	悬架的检查	
6	轮胎的检查	
7	制动盘的检查	
8	制动衬块的检查	
9	制动液的检查	
10	制动踏板的检查	
11	电动真空助力装置的检查	

总结评价

请根据自己在任务实施中的实际表现进行自我评价。

自我评价：＿＿＿＿＿＿＿＿＿＿＿＿＿＿＿＿＿＿＿＿＿＿＿＿＿＿＿＿＿＿＿＿＿＿＿

＿＿

任务考核评价表			
项目	评分标准	配分	得分
任务引入	明确工作任务（行驶系统与制动系统的维护作业）	5	
信息收集	掌握行驶系统的维护作业要点	3	
	掌握制动系统的维护作业要点	3	
	了解底盘系统的组成	4	
计划与决策	制订行驶系统与制动系统的维护作业计划	5	
	结合最终计划能协同小组成员进行任务分工	5	

续上表

项目	评分标准	配分	得分
任务准备	完成车辆作业前预检	5	
	完成高压安全作业前期准备	5	
任务实施	作业前现场环境检查	5	
	转向盘的检查	5	
	悬架的检查	5	
	轮胎的检查	10	
	制动盘的检查	5	
	制动衬块的检查	10	
	制动液的检查	5	
	制动踏板的检查	10	
	电动真空助力装置的检查	5	
总结评价	能够对自己在任务实施中的表现综合评价	5	
	总分	100	

任务6　车身电气设备维护作业

任务引入

某客户来汽车4S店给自己的车辆做定期维护。假如你是一名新能源汽车维修技师,你将具体完成车身电气设备的哪些维护作业项目呢?

任务要求

▶ **知识目标**

1. 掌握新能源汽车灯光系统的维护作业项目;
2. 掌握新能源汽车组合仪表维护作业项目;
3. 掌握电动车窗的维护作业项目;
4. 掌握电动刮水器的维护作业项目;
5. 掌握电动后视镜的维护作业项目。

▶ **技能目标**

1. 能够正确对灯光系统进行维护作业;
2. 能够正确对组合仪表进行维护作业;
3. 能够正确对电动车窗进行维护作业;
4. 能够正确对电动刮水器进行维护作业;
5. 能够正确对电动后视镜进行维护作业。

▶▶ **素养目标**

1. 培养学生的职业规范、安全意识和工匠精神；
2. 培养学生的职业道德和团队合作意识；
3. 培养学生的时间管理和自主学习能力。

知识储备

车身电气设备一般包括低压电源、低压用电设备、配电设备。我们主要介绍低压蓄电池、灯光系统、组合仪表、电动车窗、电动后视镜、电动刮水器的维护作业。

一、低压蓄电池的检查与维护

低压电源一般指 12V 低压蓄电池，主要用于车身电气设备的供电。

(1) 检查低压蓄电池盖上是否有灰尘泥土。
(2) 检查低压蓄电池外壳表面有无破损、电解液有无泄漏。
(3) 检查低压蓄电池桩头是否氧化，如氧化，用砂纸打磨清理干净。
(4) 检查低压蓄电池的正负极电缆夹是否松动，若松动予以紧固（图 2-123）。
(5) 检查低压蓄电池在车上安装是否牢靠（图 2-124）。

车身电气设备维护作业

图 2-123 检查低压蓄电池正负极电缆夹是否松动　　图 2-124 检查低压蓄电池安装情况

(6) 使用万用表检查蓄电池电压是否正常。
(7) 定期检查和调整电解液的相对密度及液面高度。
(8) 经常检查低压蓄电池放电程度，超过规定时立即充电。
(9) 定期对低压蓄电池进行补充充电，连接时，细心查明极性，不要接错。
(10) 拆卸或安装低压蓄电池时，先拆下负极电缆，安装时先装上负极，应确保车辆钥匙处于关闭状态，否则，可能导致汽车上的电子元器件损坏。
(11) 不要把工具放在低压蓄电池上，以免造成短路。
(12) 进行检查或维护低压蓄电池之前，必须确认驱动电机和所有附属设备都已关闭。
(13) 当车辆需停放较长时间（7 天以上）时，需要断开低压蓄电池负极桩头，同时需每周进行一次车辆上高压（上高压 4h 左右，直至"READY"绿灯点亮），通过动力蓄电池给低压蓄电池充电。

二、灯光系统的检查与维护

1. 灯光系统

汽车灯具为车前及车内提供充分可靠的照明,并通过不同色泽的发光标志显示汽车工作状况,从而向其他车辆、行人传达信息。汽车车灯主要包括照明灯、信号灯、警告灯。

(1) 照明灯。照明灯主要用于夜间行驶照明,为了使驾驶人了解周围环境及确保安全而安装,如远、近光灯(图2-125)。

a) 近光灯

b) 远光灯

图2-125 远、近光灯

(2) 信号灯。信号灯主要是向周围环境发出示意信号,如转向灯(图2-126)。

a) 左转向灯

b) 右转向灯

图2-126 转向灯

(3) 警告灯。警告灯主要是当车辆存在故障时,组合仪表上会显示出故障警告灯,如动力系统故障指示灯。

2. 灯光系统的检查与维护作业

(1) 检查整车灯光系统是否正常工作(图2-127、图2-128)。
(2) 检查各车灯有无松动、变色及损伤,其安装是否牢固。
(3) 检查各灯的灯罩是否损坏,灯内是否有脏污进入。
(4) 检查前照灯的发光强度,检查远、近光灯能否正常变换。
(5) 检查灯光组合外表面是否有污垢、划痕,检查安装情况是否良好。

图 2-127　灯光组合开关

图 2-128　倒车灯

图 2-129　组合仪表的显示信息

（6）检查灯光组合的接插件是否松动。

三、组合仪表的检查与维护

1. 组合仪表

组合仪表的作用是通过人和汽车的交互界面，为驾驶人提供所需的汽车运行参数、故障指示等信息（图 2-129）。

2. 组合仪表指示说明

组合仪表的指示说明见表 2-7。

组合仪表指示说明　　　　　　　　　表 2-7

序号	名称	含义	使用说明
1	蓄电池电量表	显示动力蓄电池剩余电量的百分比	①当动力蓄电池剩余电量比较充足时，柱状条颜色显示为绿色； ②当剩余电量≤20%但＞10%时，柱状条颜色显示为黄色； ③当剩余电量≤10%时，柱状条颜色显示为红色； ④若颜色变为黄色或红色时，应及时充电
2	功率表	显示驱动电机当前的输出功率以及回收功率	①功率表指示在蓝色区域，说明驱动电机正在消耗电能输出功率； ②功率表指示在绿色区域，说明驱动电机正在回收能量给动力蓄电池充电
3	速度表	显示车辆当前时速	速度表最大显示为 220km/h。为了行驶的安全性、稳定性和舒适性，应按照交通规则规定的车速行驶
4	超速报警	根据设定车速，若超速则发出报警	当组合仪表的速度表显示的车速高于设定的报警车速时，蜂鸣器鸣叫，同时组合仪表会有文字提示，以此提醒驾驶人减慢车速，安全行驶

3. 组合仪表的检查与维护作业

（1）检查组合仪表中所有指示灯的工作状态是否正常。

（2）检查组合仪表外表面及指示功能，外表面应保持完好、洁净，指示功能应保持正常。

（3）检查组合仪表上的信号指示装置有无异常声光报警和故障提醒。
（4）检查组合仪表线束连接器的端子电压是否正常。
（5）检查组合仪表线束连接器的搭铁端子导通性是否正常。
（6）检查组合仪表上温度、SOC等参数值是否符合车辆维修手册的规定。

四、电动车窗的检查与维护

1. 电动车窗
电动车窗由电力驱动车窗玻璃的升降。

1）电动车窗的组成

电动车窗主要由控制电路、车窗升降器等组成。

（1）控制电路。电动车窗控制电路主要由电源、易熔线、断路器、主继电器、开关、电动机和指示灯组成。

①控制开关总开关：由驾驶人控制每个车窗玻璃的升降。

②控制开关分开关：由乘客进行各自车窗玻璃的升降控制。

③总开关与分开关的关系：总开关与分开关互不干涉，均可独立地控制车窗玻璃升降。

（2）车窗升降器。车窗升降器是一个执行机构，它可执行驾驶人或乘客的指令使车窗升降。它主要由电动机、传动装置等组成。

①电动机。电动机是用来为车窗的升降提供动力的装置。车窗升降电动机采用双向转动的电动机，有永磁型和双绕组型两种。

②传动装置。按传动方式可分为齿扇式和齿条式两种。

2）电动车窗的工作原理

当点火开关转至ON挡时，电动车窗主继电器工作，触点闭合，给电动车窗电路提供了电源，此时，电源指示灯点亮。如将主开关上的窗锁开关闭合，那么所有车窗都可随时进入工作状态，乘客车窗的指示灯点亮。

（1）前右侧车窗升降。当驾驶人按下主开关相应的前乘客车窗上升开关时，其电流由蓄电池的正极→易熔线→断路器→主继电器→主开关→前乘客开关左触点→电动机→断路器→乘客开关的右触点→窗锁开关→搭铁→蓄电池的负极，构成闭合回路。该电路中的电动机通电而工作，使车窗上升。当需要车窗下降时，驾驶人按下主开关上的下降开关时，因电动机是永磁双向电动机，其电动机的电流方向相反，电动机通电而反转使车窗下降。

（2）驾驶人侧的车窗升降。当驾驶人侧的车窗需要下降时，可按下主开关上下降按钮，其电流由蓄电池的正极→断路器→电动机→驾驶人侧开关的另一触点→窗锁开关→蓄电池的负极，构成闭合电路。与此同时，触点式开关的电路也同时接通，下降指示灯点亮，继电器线圈也通电而产生吸力，保持开关处于下降工作状态直至下降到极限位置。在下降过程中，如果要使车窗停在某一位置，驾驶人可再点触一下开关，则继电器线圈断路，车窗下降停止。

2. 电动车窗的检查与维护作业
（1）检查电动车窗的开启、关闭、锁止是否正常工作。

（2）检查电动车窗的升降情况是否正常，有无异响、卡滞。

(3)检查电动车窗的开关功能是否正常(图2-130)。

五、电动后视镜的检查与维护

1. 电动后视镜

电动后视镜有助于驾驶人在车内通过按钮对后视镜角度进行调节,方便驾驶人找到更好的后方视野。

2. 电动后视镜的检查与维护作业

(1)检查电动后视镜各方向的调节功能是否正常,有无异响、卡滞。

(2)检查电动后视镜调整开关的功能是否正常。

(3)检查电动后视镜表面有无损坏、是否清晰、是否干净。

(4)检查电动后视镜的折叠功能是否正常(图2-131)。

图2-130 电动车窗的检查

图2-131 电动后视镜的检查

(5)检查电动后视镜的视角是否良好,若有问题,及时调整好角度,使视野清晰。

六、电动刮水器的检查与维护

1. 电动刮水器

(1)电动刮水器的作用。刮水器是用来清扫风窗玻璃上的雨水、雪或尘土,以确保驾驶人能有良好的视线。

(2)刮水器的分类。刮水器有气压式、电动式等多种,但多数采用电动式。

(3)电动刮水器的结构。电动刮水器是由刮水器电动机和一套传动机构组成。刮水器电动机按其磁场结构划分,有线绕式和永磁式两种。永磁式刮水器电动机具有体积小、质量轻、构造简单等优点,目前被广泛应用。

(4)电动刮水器的工作原理。刮水器刮水片的摆动速度由刮水器电动机的转速决定。永磁式电动机刮水器的磁场由永久磁铁产生,电动机上有三只电刷。它是利用三个电刷来改变正负电刷之间串联的线圈数以实现变速。

其原理是:直流电动机工作时,在电枢内同时产生反电动势,其方向与电枢电流的方向相反。

2. 电动刮水器的检查与维护作业

（1）检查电动刮水器各挡位能否正常工作。

（2）检查电动刮水器在各挡位的刮水效果，是否有刮水不完全现象。

（3）检查电动刮水器开关关闭时，是否能回归到最低位置，再停止工作（图2-132）。

（4）检查电动刮水器在工作时是否有异响。

（5）如果风窗玻璃有尘土、结冰或砂石，请清理后再使用雨刮器。在干燥的状态下，不得使用刮水器，否则会刮伤风窗玻璃及影响刮水片的使用寿命。

图2-132　电动刮水器检查

🎯 综合实践

灯光系统的检查与维护

一、准备工作

（1）实训场地：新能源汽车整车实训室（理实一体化实训室）。

（2）工具及车辆：作业工具套装、高压防护用具、检测工具、新能源汽车等。

（3）辅助资料：车辆维修手册、教材等。

二、实施步骤

1. 验证故障现象

高位制动灯不点亮

（1）按下启动开关，给低压用电设备供电，组合仪表点亮，完成上低压电（图2-133）。

（2）检查整车灯光系统是否正常工作。踩下制动踏板，检查车辆制动灯点亮情况，若发现车辆高位制动灯不点亮（图2-134），其他均可以正常工作，则应修复高位制动灯。

图2-133　车辆正常上低压电

图2-134　检查车辆制动灯是否点亮

2. 明确故障症状

经过对故障现象的验证,明确车辆故障症状为:车辆正常上低压电,灯光系统中车辆高位制动灯不点亮,其他均可以正常工作。

3. 推测可能原因

结合电路图分析引起车辆高位制动灯不亮的原因可能为:

(1) 高位制动灯供电电源断路、搭铁断路及相关线束故障(图2-135)。

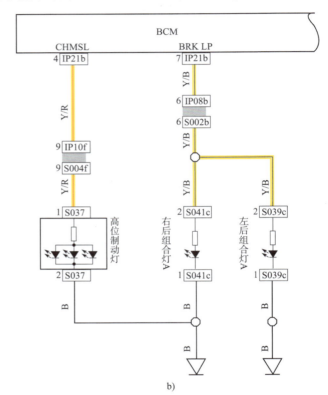

图2-135 分析车辆高位制动灯相关电路

(2) 高位制动灯元件损坏。

图2-136 检查高位制动灯线路

4. 确定故障原因

经过测试电源与搭铁均正常,则缩小故障原因范围,经过电压法测试确认引起故障的原因为高位制动灯线路上 IP10f/9 与 S004f/9 线束连接器松动(图2-136)。

5. 标准作业维修

按照标准操作修复线束,重新连接相关线束连接器后,测试供电和搭铁均为正常电压(图2-137)。

6. 确认故障排除

重新给车辆上低压电,车辆高位制动灯点亮,其他均可以正常工作,完成车辆灯光系统检查(图 2-138)。

图 2-137　标准操作完成修复

图 2-138　车辆高位制动灯点亮

车身电气设备维护作业

任务引入
某客户来汽车 4S 店给自己的车辆做定期维护。假如你是一名新能源汽车维修技师,你将具体完成车身电气设备的哪些维护作业项目呢?
信息收集
(1)低压电源一般指_____,主要用于车身电气设备供电。 (2)照明灯主要用于_____行驶照明,为了便于驾驶人了解周围环境及确保安全而安装。 (3)_____的作用是通过人和汽车的交互界面,为驾驶人提供所需的汽车运行参数、故障指示等信息。 (4)电动车窗主要由_____、_____等组成。 (5)电动刮水器是由_____和_____组成。
计划与决策
(1)小组成员针对各自的工作计划展开讨论,并选出最佳工作计划。 (2)专业教师对各小组提交的工作计划进行点评。 (3)各小组成员根据专业教师的评价,对工作计划进行调整,调整后的工作计划即为最终实施方案。
任务准备
1. 车辆作业前预检

车辆 VIN 码	
车辆外观	□正常　□划痕　□破损　其他说明_____
车辆内饰	□正常　□划痕　□破损　其他说明_____

2. 高压安全作业前期准备

名称	现有状况			应对策略		
绝缘手套	□正常	□破损	□脏污 □过期	□更换	□维修	□清洁
绝缘鞋	□正常	□破损	□脏污 □过期	□更换	□维修	□清洁
护目镜	□正常	□破损	□脏污 □过期	□更换	□维修	□清洁
安全帽	□正常	□破损	□脏污 □过期	□更换	□维修	□清洁

续上表

名称	现有状况		应对策略		
绝缘工具套装	□正常	□破损 □脏污 □过期	□更换	□维修	□清洁
绝缘地垫外观	□正常	□破损 □脏污 □过期	□更换	□维修	□清洁
绝缘地垫绝缘阻值	□正常	绝缘阻值_____	□更换		
隔离栏	□正常	□破损 □脏污	□更换	□维修	□清洁
警示牌	□正常	□破损 □脏污	□更换	□维修	□清洁
灭火器	□正常	□过期	□更换		

任务实施

序号	项目	具体操作记录
1	场地准备	
2	设立安全监护人、持证上岗	
3	作业前现场环境检查	
4	低压蓄电池的检查与维护	
5	灯光系统的检查与维护	
6	组合仪表的检查与维护	
7	电动车窗的检查与维护	
8	电动后视镜的检查与维护	
9	电动刮水器的检查与维护	

总结评价

请根据自己在任务实施中的实际表现进行自我评价。

自我评价：_____

_____

任务考核评价表

项目	评分标准	配分	得分
任务引入	明确工作任务（新能源汽车车身电气设备维护作业）	5	
信息收集	掌握低压蓄电池的检查与维护	5	
	掌握灯光系统的检查与维护	5	
	掌握组合仪表的检查与维护	5	
	掌握电动车窗的检查与维护	5	
	掌握电动后视镜的检查与维护	5	
	掌握电动刮水器的检查与维护	5	
计划与决策	制订新能源汽车车身电气设备维护作业计划	5	
	结合最终计划能协同小组成员进行任务分工	5	
任务准备	完成车辆作业前预检	5	
	完成高压安全作业前期准备	5	
任务实施	作业前现场环境检查	5	
	低压蓄电池的检查与维护	5	
	灯光系统的检查与维护	5	

续上表

项目	评分标准	配分	得分
任务实施	组合仪表的检查与维护	5	
	电动车窗的检查与维护	5	
	电动后视镜的检查与维护	5	
	电动刮水器的检查与维护	5	
任务控制	学生完成任务,操作过程规范	5	
总结评价	能够对自己在任务实施中的表现综合评价	5	
总分		100	

学习测验

(1) 低压电源一般指_____,主要用于车身电气设备供电。

(2) _____的作用通过人和汽车的交互界面,为驾驶人提供所需的汽车运行参数、故障指示等信息。

(3) 电动车窗主要由_____、_____等组成。

(4) 电动刮水器是由_____和一套_____组成。

(5) 检查空调滤清器,建议每_____或9个月更换空调滤芯。

(6) 动力蓄电池系统主要由_____、_____、_____及辅助元器件4部分组成。

(7) 充电系统一般包括_____系统(又称为慢充系统)和_____系统(又称为快充系统)两种。

(8) 车载充电机主要实现将220V单相_____电转换成高压_____电。

(9) 交流充电系统一般主要由供电设备(交流充电桩和交流充电枪)、交流充电接口、交流充电线束、_____、_____等组成。

(10) 驱动电机系统主要由驱动电机、_____和_____等组成。

(11) _____是冷却液循环的动力元件。

(12) 冷却系统主要由_____、_____、_____、冷却液膨胀罐、冷却液管、控制器箱体水套组件、电机水套组件等组成。

(13) 检查制动液位是否合适,不足时添加_____型制动液。一般每行驶2年或4万km必须更换制动液,在特别恶劣情况下每行驶1年或2万km更换制动液。

(14) _____是汽车空调制冷系统的心脏,其作用是吸入来自蒸发器的低温、低压的气态制冷剂,压缩为高温、高压的气态制冷剂,并将制冷剂送往冷凝器。

(15) 评价汽车空调质量的指标主要有4个,即_____、_____、_____和_____。

项目三 新能源汽车故障诊断与数据分析

任务 1　新能源汽车诊断仪使用及诊断数据分析

任务引入

客户反映自己的车辆连接充电枪后,组合仪表充电连接指示灯不点亮,动力蓄电池充电指示灯不点亮,无充电电流信息,无法交流充电。假如你是一名新能源汽车售后维修实习生,你将如何区分不同的故障指示灯,如何对车辆进行故障诊断呢?

任务要求

▶ **知识目标**

1. 了解新能源汽车故障诊断的类型;
2. 认识新能源汽车常见指示灯/警告灯;
3. 掌握故障诊断仪的使用方法;
4. 掌握诊断数据分析的方法。

▶ **技能目标**

1. 能够正确区分新能源汽车故障诊断类型;
2. 能够区别新能源汽车常见指示灯/警告灯;
3. 能够正确使用故障诊断仪;
4. 能够对故障诊断数据进行分析。

▶ **素养目标**

1. 培养学生的职业规范、安全意识和工匠精神;
2. 培养学生的职业道德和团队合作意识;
3. 培养学生的逻辑分析能力和自主学习能力。

知识储备

一、新能源汽车故障诊断的认识

1. 新能源汽车故障诊断的概念

新能源汽车故障是指车辆局部或完全丧失工作能力的现象,如出现无法上低压电、无法上高压电、车辆无法行驶和个别性能指标超出规定的技术要求等。

新能源汽车故障诊断是指在车辆不解体(或仅拆下个别小零件)的情况下,为确定车辆技术状况、查找故障点和查明故障原因而进行的检测、分析与判断。

2. 新能源汽车故障诊断的类型

新能源汽车故障按照不同的特征可以分为不同的类型,具体如下:

(1)按照故障发生原因的不同,新能源汽车故障可分为自然故障和人为故障。其中,自然故障是指新能源汽车在使用期内受到外部、内部不可抗自然因素的影响而产生的故障;人为故障是指人为不慎而造成的故障。

(2)按照故障发生速度的不同,新能源汽车故障可分为突发性故障和渐进性故障两种。其中,突发性故障是指在故障发生前没有可被察觉的征兆,而瞬时出现的故障;渐进性故障是指新能源汽车某些零件的初始参数逐渐恶化,当参数值超出允许范围时所引起的故障。

(3)按照故障表现稳定程度的不同,新能源汽车故障可分为持续性故障和间歇性故障两种。其中,持续性故障是指出现规律明显、症状表现稳定的故障;间歇性故障是指出现规律不明显、时有时无,且具有突发性的故障。

(4)按照故障表现特征的不同,新能源汽车故障可分为可见性故障和隐蔽性故障两种。其中,可见性故障是指已察觉到的故障;隐蔽性故障是指故障发生后难以察觉的故障。

二、常见故障指示灯的含义

当新能源汽车出现故障时,通常在组合仪表上会显示出相应的指示灯/警告灯以提醒驾驶人,并根据车辆的实际运行情况以及结合故障类型,启动相应的故障模式(表3-1)。如果对于亮起的警告灯和相应的描述以及警告说明不给予足够的重视,可能会导致严重的人身伤害和车辆损坏。

常见指示灯/警告灯及其含义　　表3-1

序号	名称	图像	颜色	指示灯状态及处理方式
1	系统故障警告灯		红	当起动开关置于 ON 挡时,该警告灯点亮几秒后熄灭;当出现各模块系统故障、漏电报警、高压安全故障时,该警告灯点亮,应立即将车辆安全停放在路边,联系汽车服务站进行检修

续上表

序号	名称	图像	颜色	指示灯状态及处理方式
2	电机及控制器过热警告灯		红	当驱动电机及控制器存在故障时,该警告灯点亮,应立即将车辆安全停放在路边并关闭电机,尽快联系汽车服务站进行检修
3	低压蓄电池充电故障警告灯		红	当起动开关置于ON挡时,该警告灯点亮几秒后熄灭;当车辆充电系统有故障时,该警告灯点亮,应尽快联系汽车服务站进行检修
4	动力蓄电池故障警告灯		红	当动力蓄电池发生故障时,该警告灯点亮,应尽快联系汽车服务站进行检修
5	充电线连接指示灯		红	车辆连接充电线时,该指示灯点亮
6	动力蓄电池充电指示灯		黄	当动力蓄电池正在充电或加热时,该指示灯点亮
7	功率限制指示灯		黄	当车辆出现某些特定故障,车辆的功率受到限制时,该指示灯点亮,车辆的加速性能会大幅降低,应尽快联系汽车服务站进行检修
8	运行准备就绪指示灯	READY	绿	当车辆一切准备就绪,可以正常行驶时,该指示灯点亮
9	动力蓄电池电量低指示灯		黄	当动力蓄电池电量过低时,该指示灯点亮;动力蓄电池重新充电到一定电量后,该指示灯才会熄灭
10	防抱死制动系统(ABS)故障警告灯	ABS	黄	当起动开关置于ON挡时,该警告灯点亮。如果行驶时该警告灯点亮又熄灭,而且没有再次点亮,则可视为系统正常;如果ABS故障警告灯持续点亮,应马上将车辆停靠在安全地方,并联系汽车服务站进行检修
11	EBD(电子制动力分配)故障警告灯	EBD	黄	当起动开关置于ON挡时,该警告灯点亮。如果制动辅助系统工作正常,几秒后该警告灯熄灭;车辆起动后,如果EBD故障警告灯持续点亮,应马上将车辆停靠在安全地方,并联系汽车服务站进行检修
12	制动系统故障警告灯		黄、红	当起动开关置于ON挡时,该警告灯点亮,呈红色,几秒后熄灭。当智能助力器故障时,该警告灯持续点亮,呈黄色;当制动液液位过低时,该警告灯持续点亮,呈红色,应立即对车辆的制动系统进行检查。如果在行驶时该警告灯持续点亮,应驶离道路并小心停车

续上表

序号	名称	图像	颜色	指示灯状态及处理方式
13	驻车制动警告灯	(P)	红、绿	当电子驻车制动起用时,该警告灯点亮,呈红色;当车辆行车制动系统发生故障,使用电子驻车制动进行紧急制动时,该警告灯闪烁,呈红色;当AUTOHOLD(自动驻车功能)启用时,该警告灯点亮,呈绿色
14	电子驻车制动系统(EPB)故障警告灯	P	黄	当起动开关置于ON挡时,该警告灯点亮几秒后熄灭。当EPB系统出现故障时,该警告灯点亮,应尽快联系汽车服务站进行检修
15	安全气囊故障警告灯		红	当起动开关置于ON挡时,该警告灯点亮几秒后熄灭。当安全气囊系统出现故障时,该警告灯点亮,应尽快联系汽车服务站进行检修。如果车辆起动后该警告灯保持不熄灭,或者在行驶时该警告灯点亮,这表示安全气囊系统可能工作不正常,为了避免造成伤害,应尽快联系汽车服务站进行检修
16	前排安全带未系警告灯		红	当起动开关置于ON挡时,该警告灯点亮几秒后熄灭。起动开关置于ON挡,当驾驶人/前排乘客未系上安全带时,该警告灯点亮,在驾驶人/前排乘客正确系上安全带后,该警告灯熄灭
17	电子稳定控制系统(ESC)故障警告灯		黄	当起动开关置于ON挡时,该警告灯点亮几秒后熄灭。当ESC正在调节时,该警告灯闪烁;当ESC系统出现故障时,该警告灯持续点亮,应尽快联系汽车服务站进行检修
18	自动紧急制动系统(AEB)故障警告灯		红	当AEB发生故障时,该警告灯点亮,应尽快联系汽车服务站进行检修
19	自适应巡航系统(ACC)故障警告灯		红	自适应巡航系统出现故障时,该警告灯点亮,应尽快联系汽车服务站进行检修
20	电动助力转向系统(EPS)故障警告灯	EPS	黄	当车辆起动时,该警告灯点亮几秒后熄灭。如果警告灯持续点亮,说明电动助力转向系统存在故障,应尽快联系汽车服务站进行检修
21	胎压异常(TPMS)警告灯		黄	当起动开关置于ON挡时,该警告灯点亮几秒后熄灭。当胎压或胎温异常时,该警告灯闪烁1min后,保持点亮,应立即就近停车,并检查轮胎及其充气压力。当系统出现故障时,该警告灯点亮,应尽快联系汽车服务站进行检修。在某些条件下(如运动型驾驶模式、在冬季或松软的道路),该警告灯可能滞后点亮或不亮

97

续上表

序号	名称	图像	颜色	指示灯状态及处理方式
22	减速器故障警告灯		黄、红	当减速器出现轻微故障时,该警告灯点亮,呈黄色;当减速器出现严重故障时,该警告灯点亮,呈红色,应尽快联系汽车服务站进行检修
23	自动驻车(AVH)状态指示灯	AUTO HOLD	绿、红	当起动开关置于ON挡时,该指示灯点亮,呈红色,几秒后熄灭。当自动驻车功能启用时,该指示灯点亮,呈绿色;当自动驻车功能故障时,该指示灯点亮,呈红色,应尽快联系汽车服务站进行检修
24	智能领航系统(ICC)状态指示灯		灰、绿、橙、红	当开启智能领航且功能未激活时,该指示灯点亮,呈灰色;当智能领航激活,并同时进行巡航控制和方向辅助控制时,该指示灯点亮,呈绿色;当智能领航激活但仅有巡航控制时,该指示灯点亮,呈橙色;当智能领航系统故障时,该指示灯点亮,呈红色,应尽快联系汽车服务站进行检修
25	车道保持辅助系统(LKA)状态指示灯		绿、红	车道保持辅助系统开启时,该指示灯点亮,呈绿色;车道保持辅助系统故障时,该指示灯点亮,呈红色,应尽快联系汽车服务站进行检修
26	自动紧急制动系统(AEB)关闭指示灯		黄	当AEB关闭时,该指示灯点亮
27	自适应巡航系统(ACC)状态指示灯		绿、灰	当开启自适应巡航系统且功能未激活时,该指示灯点亮,呈灰色;当自适应巡航系统激活时,该指示灯点亮,呈绿色
28	电子稳定控制系统(ESC)关闭指示灯		黄	按下ESC OFF开关,ESC系统关闭时,该指示灯点亮
29	低速报警关闭指示灯		黄	当低速报警功能关闭时,该指示灯点亮
30	陡坡缓降控制系统(HDC)指示灯		绿、黄	当陡坡缓降控制系统开启但未调节时,该指示灯点亮,呈绿色;当陡坡缓降控制系统开启且在调节时,该指示灯闪烁,呈绿色;当陡坡缓降控制系统故障时,该指示灯点亮,呈黄色,应尽快联系汽车服务站进行检修
31	左转向灯指示灯		绿	当车辆左转向或向左侧变换车道开启左转向灯时,左转向灯指示灯与左转白灯同时点亮

续上表

序号	名称	图像	颜色	指示灯状态及处理方式
32	右转向灯指示灯	➡	绿	当车辆右转向或向右侧变换车道开启右转向灯时,右转向灯指示灯与右转向灯同时点亮
33	远光灯指示灯		蓝	打开远光灯时,该指示灯点亮
34	后雾灯指示灯		黄	打开后雾灯时,该指示灯点亮
35	室外温度低指示灯	❄	白	当室外温度低于4℃时,该指示灯闪烁3次后点亮;室外温度提升至6℃以上时,该指示灯熄灭
36	智能远光灯系统(IHBC)指示灯		白、黄	当智能远光灯系统激活时,该指示灯点亮,呈白色,车辆进行远近光的自动切换;当系统出现故障时,该指示灯点亮,呈黄色,应尽快联系汽车服务站进行检修
37	位置指示灯		绿	打开位置灯时,该指示灯点亮
38	巡航状态指示灯		绿	在开启定速巡航系统时,该指示灯点亮
39	经济模式指示灯	eco	绿	当车辆处于经济模式时,该指示灯点亮
40	运动模式指示灯	SPORT	红	当车辆处于运动模式时,该指示灯点亮
41	长途模式指示灯	Eco+	绿	当车辆处于长途模式时,该指示灯点亮

三、故障诊断仪的使用方法

汽车故障诊断仪又称故障解码仪,它是用于检测汽车故障的便携式智能汽车故障自检仪,用户可以利用它迅速地读取汽车电控系统中的故障,并通过液晶显示屏显示故障信息,及时查明发生故障的部位及原因。在新能源汽车的维护与故障诊断中,诊断仪具有十分重要的作用。

故障诊断仪的使用方法

我们以道通 ELITE 故障诊断仪为例进行介绍。该诊断仪主要由 MaxiSys 平板诊断设备和 J2534 ECU 编程装置两部分组成。平板诊断设备中的诊断应用程序通过与 VCI(蓝牙连接盒)连接,可读取诊断信息,查看数据流参数,执行动作测试。

故障诊断仪的具体操作步骤如下:

(1)将测试主线的母转接头与 J2534 ECU 编程装置设备的车辆数据接口连接,并拧紧外加螺钉(图3-1),将测试主线的16针公转接头与车辆诊断座连接,诊断座通常位于车辆仪表板的下部(图3-2)。

(2)确保平板内置蓄电池电量充足或者已连接直流电源,开启 MaxiSys 平板诊断设备,通过无线蓝牙建立 MaxiSys 平板诊断设备与 J2534 ECU 编程装置设备之间的通信。当 MaxiSys 平板诊断设备与 J2534 ECU 编程装置设备连接好后,屏幕底部导航栏上的 VCI 按钮上将会显示一个绿色的"√"图标,表示设备已准备就绪,可随时开始车辆诊断。在车辆应用程序界面选择诊断,进入诊断程序界面(图3-3)。

图3-1 母转接头连接车辆数据接口

图3-2 公转接头连接车载诊断仪(OBD)接口

a)   b)

图3-3 打开MaxiSys平板诊断设备

(3)结合实际诊断车型选择汽车品牌和车型系列(图3-4)。

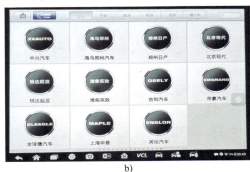

a)   b)

图3-4 选择汽车品牌和车型系列

(4)选定车型后,进入到"自动扫描"和"控制单元"两个选项。若选择"自动扫描",则诊断仪会对车辆ECU(电子控制单元)上的所有系统进行全面扫描,自动定位存在故障的系统,并读取故障码;如果选择"控制单元",则可进行对某一系统的扫描诊断(图3-5)。

(5)在"控制单元"界面自主选择要检测的系统模块,选择系统后主要有"读电脑信息""故障码""读数据流""特殊功能"选项(图3-6)。

(6)选择读取故障码或者数据流进行系统故障诊断(图3-7)。

项目三 新能源汽车故障诊断与数据分析

a)

b)

图 3-5 "自动扫描"和"控制单元"界面

a)

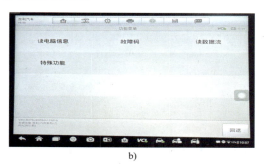
b)

图 3-6 控制单元中系统的功能菜单界面

a) 读取故障码

b) 读取数据流

图 3-7 查看汽车故障诊断仪诊断结果

（7）当所有操作完成后，回到 MaxiSys 平板诊断设备最初的界面，断开与其的所有通信，进行关机。

四、故障诊断仪的数据流分析

新能源汽车都装备了大量的电子控制单元（ECU）、传感器和执行器等电器元件。为提高对这些电器元件在售后中故障诊断的速度和准确性，车辆控制系统都具有一套自诊断系统，以实现对控制单元、传感器和执行器状态的实时监测（图 3-8）。在使用专用诊断仪对车辆进行诊断

图 3-8 系统自检组合仪表盘显示

101

时，获取的主要信息基本包括故障检测、诊断数据管理和诊断服务。

下面以吉利几何 A-Pro(2021 款)车型为例，使用道通故障诊断仪进行检测，以下是在车辆状态良好、已完成上低压电、未上高压电时的数据。读取整车控制系统(表 3-2)、蓄电池管理系统(表 3-3)、集成动力系统(表 3-4)的部分数据。

1. 整车控制系统(VCU)

诊断仪读取的整车控制系统的数据流见表 3-2。

诊断仪读取的整车控制系统的数据流（部分数据） 表 3-2

名称	当前值	单位
ECU 供电电压	12.4	V
车速	0	km/h
巡航控制设置的速度值	0	km/h
集成动力单元(IPU)DC/DC 变换器温度	18	℃
外部能量状态 CP(控制连接确认)信号	未连接	
外部线缆连接状态 CC(充电连接确认)信号	未连接	
快充 CC1(充电桩充电连接确认)连接状态	未连接	
快充 CC2(车辆充电连接确认)连接状态	未连接	
P 挡开关状态	未按下	
电子驻车制动(EPB)系统状态	夹紧	
无钥匙进入系统(PEPS)及电源模式	ON 挡	
加速踏板 1 信号	0.74	
加速踏板 2 信号	0.36	
制动踏板 1 信号	未踩下	
制动踏板 2 信号	踩下	
挡位	P	
提示节气门开度信号是否有效	正常	
空调冷却风扇脉宽调制(PWM)	5	%
车辆控制单元(VCU)高压互锁状态	正常	
电机工作状态模式	预充	
集成动力单元(IPU)实际转矩	-0.1	N·m
电机进水口实际温度	16	℃
蓄电池管理系统(BMS)状态	准备状态	
PCU(P 挡锁控制单元)锁止状态	已经锁止	
车辆控制单元(VCU)内部电机转矩请求	10800	N·m
车辆控制单元(VCU)发出的当前挡位信息	P	
车辆控制单元(VCU)发出的电机转矩请求	0	N·m
车辆控制单元(VCU)发出的电机最大转矩	180	N·m
车辆控制单元(VCU)发出的电机最小转矩	-51.5	N·m
高压蓄电池包电流	0	A
高压蓄电池包内部电压	409.6	V
蓄电池电量	77.3	%
ABS 提示车速信号是否有效	有效	
电机系统冷却水泵占空比	10	%
高速风扇使能状态	未使能	
低速风扇使能状态	未使能	

项目三　新能源汽车故障诊断与数据分析

续上表

名称	当前值	单位
高压电源使能	高压不允许	
车辆控制单元(VCU)发出的P挡锁止请求	锁止	
加速踏板实际开度	0	%
高压互锁状态(VCU/BMS检测)	无警告	
真空助力器前腔中的真空度	-102.4	kPa
VCU(整车控制器)请求点亮乌龟灯	关闭	
格栅实际转矩	1.2	N·m
格栅保持状态	打开	

2. 蓄电池管理系统(BMS)

诊断仪读取的蓄电池管理系统的数据流见表3-3。

诊断仪读取的蓄电池管理系统的数据流(部分数据)　　　　　表3-3

名称	当前值	单位
ECU供电电压	12.4	V
蓄电池包标称容量	187	A·h
蓄电池包标称能量	70	kW·h
标称电压	37.4	V
蓄电池类型码	三元材料电池	
Cell(单体蓄电池)总数	102	
Cell(单体蓄电池)温度传感器总数	34	
蓄电池组累计放电容量	321.3	A·h
蓄电池组累计充电容量	350.4	A·h
最大电芯电压	4.03	V
最小电芯电压	4.01	V
蓄电池包总电压	409.6	V
蓄电池包总电流	0	A
蓄电池包最高温度	-14.5	℃
蓄电池包最高温度的温度传感器信号	1	
蓄电池包最低温度	-14.5	℃
蓄电池包最高温度的温度传感器信号	1	
绝缘电阻值	13767	kΩ
绝缘监测状态	绝缘检测正常	
整车高压互锁状态	高压互锁关闭/正常	
主正继电器状态	打开	
主负继电器状态	打开	
预充继电器状态	打开	
充电继电器状态	打开	
充电预充继电器状态	打开	
充电机输出电流	49.6	A
充电机输出电压	23	V
蓄电池荷电状态	77.3	%

续上表

名称	当前值	单位
蓄电池显示剩余电量	77.3	%
蓄电池健康度	100	%
剩余能量	51.2	kW·h
允许的持续放电功率	168	kW
允许的峰值放电功率	180	kW
允许的持续充电功率	35	kW
允许的峰值放电功率	51	kW
蓄电池单体最高容量	187	A·h
蓄电池单体最低容量	187	A·h
充电枪CC(充电连接确认)状态	未连接	
充电机CP(控制连接确认)连接状态	未连接	
蓄电池管理系统(BMS)请求的充电电流	0	A
蓄电池管理系统(BMS)请求的充电电压	0	V
蓄电池包进水口温度	-13.5	℃
蓄电池包互锁状态	关闭	
内部高压互锁源状态	正常生成	
外部高压互锁源状态	正常生成	
充电继电器外侧电压	1.2	V
平均温度	11	℃
最大SOC	75.5	%
最小SOC	74.3	%
主回路高压互锁状态	0	
快充回路高压互锁状态	0	
主回路高压互锁外侧电压	2520	mV
主回路高压互锁内侧电压	2487	mV
快充回路高压互锁外侧电压	3056	mV
快充回路高压互锁内侧电压	3054	mV
正极绝缘值	15006	kΩ
负极绝缘值	28544	kΩ
钥匙信号	12380	mV
快充唤醒源电压	0	mV
CC2电压值	4990	mV
充电桩最大输出电压	0	V
充电桩最小输出电压	0	V
充电插座温度	14	℃
出水口温度	13	℃
车辆控制单元(VCU)充电许可	充电禁止	
蓄电池管理系统(BMS)状态	待机	

3. 集成动力系统(IPU)

诊断仪读取的集成动力系统的数据流见表3-4。

诊断仪读取的集成动力系统的数据流(部分数据)　　　　　表3-4

名称	当前值	单位
集成动力单元(IPU)冷却液流量	2.3	L/min
集成动力单元(IPU)冷却液温度	16	℃
A相瞬时电流	0	A
B相瞬时电流	0	A
C相瞬时电流	0	A
半导体开关管状态	自由转动	
高压蓄电池电压	409	V
电机本体温度	3	℃
电机转速	0	r/min
电机温度采集1路	13	℃
电机温度采集2路	13	℃
实际转矩	176	N·m
电机控制器工作模式	换挡	
集成动力单元(IPU)控制器温度	7	℃
三相电流有效值	0	A
请求转矩	176	N·m
直流母线电流值	614	A
电机功率最大限值	360	W
电机功率最小限值	402	W
电机初始角度	157.76	°
蓄电池管理系统(BMS)发出的高压母线电压	37	V
EMC检测的高压母线电压	21	V
VCU请求电机模式	待机状态	

五、故障诊断仪中系统显示的中英文缩写

故障诊断仪及电路图涉及的部分中英文缩写见表3-5。

故障诊断仪及电路图涉及的部分中英文缩写　　　　　表3-5

序号	英文缩写	中文含义
1	VCU	整车控制系统
2	BMS	蓄电池管理系统
3	BCM	车身控制系统
4	IPU	集成动力控制器
5	IPK	仪表板系统
6	AC	自动空调系统
7	DC/DC	DC/DC变换器
8	OBC	充电控制器
9	EMC	集成电机控制器
10	EGSM	电子换挡控制器

续上表

序号	英文缩写	中文含义
11	SRS	安全气囊系统
12	AVM	全景影像（360°全景）
13	DSCU	驾驶人座椅控制器
14	GW	网关
15	AVAS	车辆声学警示系统
16	LIN	串行通信系统
17	CAN	控制器区域网络
18	PEPS	无钥匙进入、无钥匙起动控制单元
19	CCS	定速巡航系统
20	EPB	电子驻车制动系统
21	ESC	电子稳定性控制系统
22	EPS	电子助力转向系统
23	ESP	电子稳定系统
24	SSB	一键起动开关
25	ABS	防抱死制动系统

综合实践

认识新能源汽车常见指示灯/警告灯

一、准备工作

（1）实训场地：新能源汽车整车实训室（理实一体化实训室）。
（2）工具及车辆：作业工具套装、高压防护用具、检测工具、新能源汽车等。
（3）辅助资料：车辆维修手册、教材等。

二、实施步骤

结合所学对常见的指示灯/警告灯进行认识（表3-6）。

指示灯/警告灯认知　　表3-6

序号	图像	名称	颜色
1		系统故障警告灯	红
2		电机及控制器过热警告灯	红
3		低压蓄电池充电故障警告灯	红
4		动力蓄电池故障警告灯	红

项目三　新能源汽车故障诊断与数据分析

续上表

序号	图像	名称	颜色
5		充电线连接指示灯	红
6		动力蓄电池充电指示灯	黄
7		功率限制指示灯	黄
8		运行准备就绪指示灯	绿
9		动力蓄电池电量低指示灯	黄
10		电子稳定控制系统(ESC)故障警告灯	黄
11		电动助力转向系统(EPS)故障警告灯	黄
12		车道保持辅助系统(LKA)状态指示灯	绿、红
13		自动紧急制动系统(AEB)关闭指示灯	黄
14		自适应巡航系统(ACC)状态指示灯	绿、灰
15		陡坡缓降控制系统(HDC)指示灯	绿、黄

任务工单

新能源汽车故障诊断仪使用与数据分析

任务引入
客户反映自己的车辆连接充电枪后,组合仪表充电连接指示灯不点亮,动力蓄电池充电指示灯不点亮,无充电电流信息,无法交流充电。假如你是一名新能源汽车售后维修实习生,你将如何区分不同的指示灯,如何对车辆进行故障诊断呢?
信息收集
1.新能源汽车故障诊断的类型 新能源汽车故障按照不同的特征可以分为不同的类型,具体如下: (1)按照故障发生原因不同,新能源汽车故障可分为＿＿＿＿和＿＿＿＿故障两种。 (2)按照故障发生速度不同,新能源汽车故障可分为＿＿＿＿和＿＿＿＿故障两种。 (3)按照故障表现稳定程度不同,新能源汽车故障可分为＿＿＿＿和＿＿＿＿故障两种。 (4)按照故障表现特征的不同,新能源汽车故障可分为＿＿＿＿和＿＿＿＿故障两种。

续上表

2. 认识常见的指示灯及警告灯

序号	图像	名称	颜色
1			红
2			红
3			红
4			红
5			红
6			黄
7			黄
8	READY		绿
9			黄
10			黄
11	EPS		黄
12			绿、红

计划与决策

(1) 小组成员针对各自的工作计划展开讨论,并选出最佳工作计划。
(2) 专业教师对各小组提交的工作计划进行点评。
(3) 各小组成员根据专业教师的评价,对工作计划进行调整,调整后的工作计划即为最终实施方案。

任务准备

1. 车辆作业前预检

车辆 VIN 码	
车辆外观	□正常　□划痕　□破损　其他说明＿＿＿＿
车辆内饰	□正常　□划痕　□破损　其他说明＿＿＿＿

2. 高压安全作业前期准备

名称	现有状况			应对策略		
绝缘手套	□正常	□破损□脏污□过期		□更换	□维修	□清洁
绝缘鞋	□正常	□破损□脏污□过期		□更换	□维修	□清洁
护目镜	□正常	□破损□脏污□过期		□更换	□维修	□清洁
安全帽	□正常	□破损□脏污□过期		□更换	□维修	□清洁
绝缘工具套装	□正常	□破损□脏污□过期		□更换	□维修	□清洁
绝缘地垫外观	□正常	□破损□脏污□过期		□更换	□维修	□清洁
绝缘地垫绝缘阻值	□正常	绝缘阻值＿＿＿＿		□更换		
隔离栏	□正常	□破损□脏污		□更换	□维修	□清洁
警示牌	□正常	□破损□脏污		□更换	□维修	□清洁
灭火器	□正常	□过期		□更换		

续上表

任务实施			
序号	项目		具体操作记录
1	场地准备		
2	设立安全监护人、持证上岗		
3	作业前现场环境检查		
4	认识指示灯/警告灯		
5	读取和清除故障码		完成(1)(2)(3)填写
6	读取数据流并分析		完成(4)填写

(1)使用故障诊断仪读取和清除故障码的操作方法。

操作步骤序号	操作内容和方法	安全操作注意事项

(2)执行读取故障码操作,记录所读取的故障码。

系统	故障码	故障码含义

(3)执行清除故障码操作,记录所清除故障码后的故障码。

系统	故障码	故障码含义

(4)执行读取数据流,对比检测值与规定值。

检测系统	数据名称	检测值	规定值

总结评价
请根据自己在任务实施中的实际表现进行自我评价。 自我评价:

续上表

项目	评分标准	配分	得分
任务考核评价表			
任务引入	明确工作任务（新能源汽车诊断仪的使用及诊断数据分析）	5	
信息收集	了解新能源汽车故障诊断的类型	8	
	认识新能源汽车常见故障指示灯	12	
计划与决策	制订新能源汽车诊断仪的使用及诊断数据分析计划	5	
	结合最终计划能协同小组成员进行任务分工	5	
任务准备	完成车辆作业前预检	5	
	完成高压安全作业前期准备	5	
任务实施	作业前现场环境检查	5	
	认识指示灯/警告灯	5	
	读取和清除故障码	20	
	读取数据流并分析	20	
总结评价	能够对自己在任务实施中的表现综合评价	5	
总分		100	

任务2　新能源汽车故障诊断策略

任务引入

客户反映自己的车辆连接充电枪后，组合仪表充电连接指示灯不点亮，动力蓄电池充电指示灯不点亮，无充电电流信息，无法交流充电。假如你是一名新能源汽车维修技师，你将如何进行汽车无法正常交流充电的故障诊断呢？

任务要求

▶ **知识目标**

1. 了解新能源汽车的故障诊断方法；
2. 掌握新能源汽车故障诊断的思路与流程。

▶ **技能目标**

1. 能够描述新能源汽车的故障诊断方法；
2. 能够描述新能源汽车故障诊断的思路与流程。

▶ **素养目标**

1. 培养学生的职业规范、安全意识和工匠精神；
2. 培养学生的职业道德和团队合作意识；
3. 培养学生的逻辑分析能力和自主学习能力。

项目三 新能源汽车故障诊断与数据分析

知识储备

故障诊断方法

一、故障诊断方法

在实际工作岗位上,新能源汽车故障诊断的方法有直观诊断法、随车诊断法、简单仪表诊断法、车载诊断系统诊断法、换件诊断法、故障征兆模拟诊断法和故障树诊断法。

1. 直观诊断法

直观诊断法又称经验诊断法,是指在对车辆故障进行诊断的过程中,了解和掌握故障现象的特点,经过问、看、听、摸、闻、试、替、测、诊等过程,对故障现象进行深入分析与准确判断,从而找出故障点的方法。

2. 随车诊断法

随车诊断法是利用车载诊断系统,通过组合仪表显示的故障信息,对故障进行诊断的方法。该方法仅适用于对电控系统传感器、执行元件等相关电气装置的初步诊断,而具体的故障原因还需要通过直观诊断法或借助简单仪表、故障诊断仪进行深入诊断后才能获得。

3. 简单仪表诊断法

简单仪表诊断法是指利用绝缘测试仪、万用表、钳形电流表等常用的测量仪表,对车辆故障进行诊断的方法。

4. 车载诊断系统诊断法

车载诊断系统诊断法是指将故障诊断仪与故障诊断接口相结合,使车辆各系统控制模块与故障诊断仪进行通信,以故障码读取和数据流分析等为手段,对车辆故障进行诊断的方法。

(1)故障码诊断法。故障码诊断法是指利用故障诊断仪读取故障码,并根据故障码提供的信息,按照车辆维修手册中故障码的诊断流程对故障进行诊断的方法。使用道通故障诊断仪读取吉利几何 A-Pro 车型的部分故障码含义见表3-7。

使用道通故障诊断仪读取吉利几何 A-Pro 车型的部分故障码含义　　　表3-7

故障码	故障码含义
U111587	与车载充电机(OBC)失去通信
P1C1352	电机水泵继电器故障
U029887	与DC/DC变换器失去通信
U011087	与集成动力单元(IPU)失去通信
P1C4096	高压互锁故障
P1C0852	主继电器故障
U010387	与电子换挡器失去通信
B100800	射频接收器通信故障
B128800	车内前部天线故障
P1C7F05	电机水泵使能信号开路
P154100	高压继电器闭合的前提下,绝缘故障(严重)

图3-9 读取自动空调系统的数据流

(2)数据流分析法。数据流分析法是指利用故障诊断仪读取车辆相关数据,然后通过对该数据进行分析,查找故障原因的方法(图3-9)。

5.换件诊断法

当怀疑某个元件发生故障时,可以用一个好的元件替换,然后进行验证。替换后,如果故障消失,则证明判断正确,该元件可能损坏或功能受损;如果故障未消失,则证明判断错误,故障点不在此处;如果故障有所好转,但未完全排除,则说明除了此处故障外,还存在其他故障,需要进一步查找。换件诊断法被广泛应用于维修企业中。

6.故障征兆模拟诊断法

在新能源汽车故障诊断中,如出现在特殊条件下偶然出现的故障,专业人员必须先把可能发生故障的范围缩小,再模拟车辆出现故障时的相似条件,重现故障现象,这样可以判断被测试的部件工作是否正常,同时也验证了故障征兆。

7.故障树诊断法

故障树诊断法又称故障分析法,是指一种将导致系统故障的所有可能的原因,按树枝状逐级细化的故障分析方法。对于较复杂或不常见的故障,单靠经验或简单诊断难以解决,因而需要借助一定的设备仪器,按照一定的方法和步骤,对故障进行全面细致的检查和分析,逐步排除可能存在的故障,从而最终找到真正的故障点。

二、故障诊断策略

新能源汽车发生故障时,按照故障诊断策略进行基本诊断,可以最大限度地提高车辆的诊断和维修效率。

故障诊断策略

这里以故障诊断六步法的基本策略为例进行讲解(图3-10):从验证故障现象入手,经过对车辆验证症状及数据分析,推测产生这种故障可能的原因,再通过一一验证确定最终的故障点,针对故障点进行标准作业维修,最后再次检验车辆故障是否排除,车辆是否恢复正常状态。

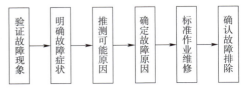

图3-10 故障诊断六步法

1.验证故障现象

验证故障现象是故障诊断的第一步,主要就是正确地观察客户所指出的实际故障(现象),以确定故障是否切实存在,并据此作出正确的判断。

2.明确故障症状

当验证故障现象后,利用故障诊断仪进行故障码读取或数据流分析,明确故障实际症状。

3.推测可能原因

使用故障诊断仪读取故障码及数据流分析,将故障原因范围仅可能缩小,分析相关电路,推测故障产生可能的原因。

4. 确定故障原因

分析所推测的可能原因,将故障范围进一步缩小,直到确定故障点。

5. 标准作业维修

对于新能源汽车进行标准作业维修前,应该做好作业前的安全防护与场地前期准备工作,然后应用标准作业流程进行维修,直到完成。

6. 确认故障排除

维修作业完成后,重新验证车辆是否还具有故障,同时利用故障诊断仪进行诊断,确保故障已排除。

三、车辆常见故障的应对方案

(1)对于普通的故障,一般采取声光报警提示尽快进行车辆检修,并不会对车辆行驶造成直接影响。

(2)对于蓄电池温度过高等较严重的故障,除了通过仪表发出警告之外,车辆还会对动力蓄电池的输出功率作出限制,防止故障进一步恶化,这时车辆仍然可以行驶,但是行驶性能会发生明显变化,需要马上解决车辆故障或就近维修。

(3)对于影响行驶安全的严重故障,车辆会直接切断动力蓄电池输出,此时车辆无法行驶,需要救援车辆将故障车辆拖移至维修点。

综合实践

新能源汽车无法交流充电故障诊断

一、准备工作

(1)实训场地:新能源汽车整车实训室(理实一体化实训室)。
(2)工具及车辆:作业工具套装、高压防护用具、检测工具、新能源汽车等。
(3)辅助资料:车辆维修手册、教材等。

二、实施步骤

某吉利几何 A-Pro 车主反映:车辆连接充电枪后,组合仪表充电连接指示灯不点亮,动力蓄电池充电指示灯不点亮,无充电电流信息,无法交流充电。

下面按照故障诊断六步法进行故障诊断。

1. 验证故障现象

(1)按压交流充电接口盖板左侧,打开交流充电接口盖板。
(2)按住交流充电接口防护盖锁止开关,取出交流充电接口防护盖。
(3)将充电枪连接上供电电源(充电桩),将交流充电连接设备与交流充电接口对接。

无法交流充电故障

(4)观察组合仪表显示,组合仪表的充电连接指示灯不点亮,动力蓄电池充电指示灯不点亮,车辆无法交流充电(图3-11)。

a)连接充电枪

b)组合仪表显示

图3-11 连接交流充电枪并观察组合仪表显示

2. 明确故障症状

经过对故障现象的验证,明确车辆故障症状为:车辆连接充电枪后,组合仪表充电连接指示灯不点亮,动力蓄电池充电指示灯不点亮,无充电电流信息,无法交流充电。

3. 推测可能原因

由于车辆起动正常,组合仪表充电连接指示灯不点亮,动力蓄电池充电指示灯不点亮,无充电电流等信息,根据交流充电控制逻辑,无法交流充电的原因较多,需要借助故障诊断仪进行诊断。通过故障诊断仪的故障码及数据流来进一步缩小故障范围,为排除故障指明方向。

结合观察到仪表盘无充电连接指示灯的现象,连接故障诊断仪读取故障码和数据流并进行分析(图3-12)。故障诊断仪读出的故障码含义为与车载充电机(OBC)失去通信,读取数据流显示慢充充电系统的 CC 信号和 CP 信号均未连接,结合交流充电系统电路图(图3-13),推测故障产生的原因可能为:

(1)交流充电系统相关熔断丝损坏。

(2)交流充电系统 CC 信号线断路。

(3)充电枪损坏。

a)

b)

图3-12 读取故障码及数据流

项目三 新能源汽车故障诊断与数据分析

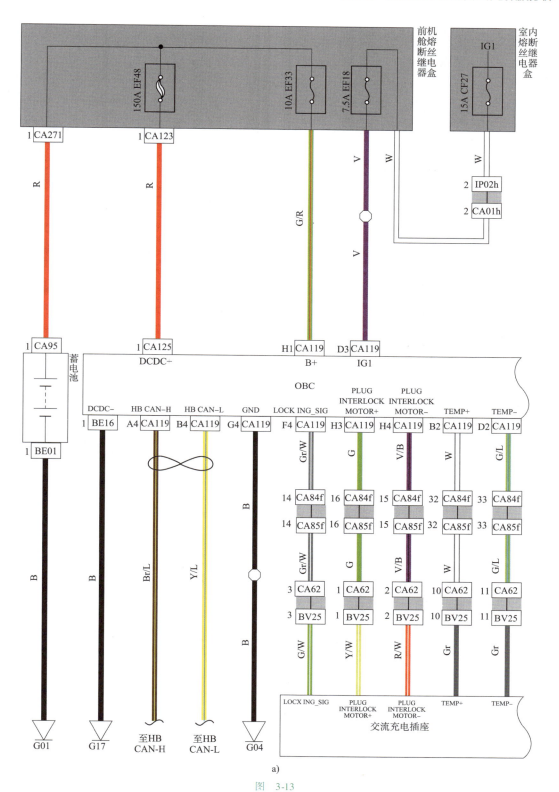

图 3-13

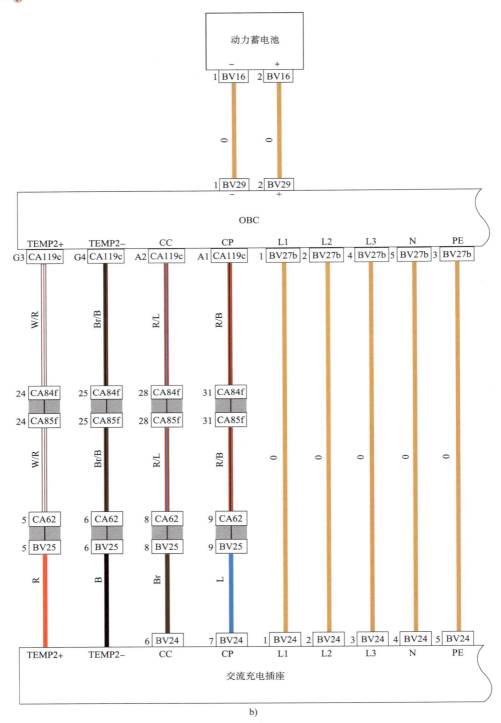

图 3-13 交流充电系统相关电路

4. 确定故障原因

对可能产生的原因逐一分析(图 3-14、图 3-15 和图 3-16),缩小故障原因范围,进行实车验证,关闭起动开关和所有电气设备,断开低压蓄电池负极电缆,用熔断丝夹子拆下熔断丝,检查其是否熔断,经过验证确认是 EF33 熔断丝断路(图 3-17)。

图 3-14　检查充电枪适配器是否正常

图 3-15　检查充电枪是否连接牢靠

图 3-16　用电压法检测熔断丝两端电压值是否异常

a)

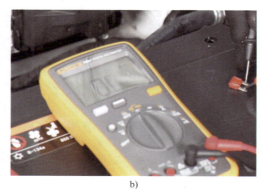

b)

图 3-17　用电阻法确认 EF33 熔断丝断路

5. 标准作业维修

按照标准作业流程更换熔断丝(图 3-18),这里需要注意更换前需要确保新熔断丝是好的,可以采用电阻法和电压法相结合。

6. 确认故障排除

重新给车辆进行交流充电,观察组合仪表盘充电连接指示灯和动力蓄电池充电指示灯均点亮,并显示充电电流信息,车辆正常进行交流充电(图 3-19)。

图 3-18　按标准操作更换熔断丝后再次验证

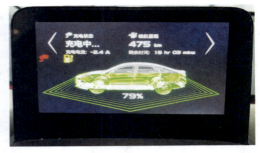

图 3-19　车辆正常交流充电

任务工单

新能源汽车无法交流充电故障诊断

任务引入
客户反映自己的车辆连接充电枪后，组合仪表充电连接指示灯不点亮，动力蓄电池充电指示灯不点亮，无充电电流信息，无法交流充电。假如你是一名新能源汽车维修技师，你将如何进行汽车无法正常交流充电的故障诊断呢？
信息收集
（1）在实际工作岗位上，新能源汽车故障诊断的方法有_____、随车诊断法、_____、_____、_____、故障征兆模拟诊断法和_____。 （2）新能源汽车故障诊断策略以故障诊断六步法为例，完成下面填空。 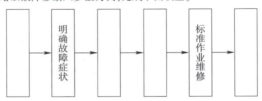 （3）在应用换件诊断法进行故障诊断时，要确保更换的新器件是_____的。
计划与决策
（1）小组成员针对各自的工作计划展开讨论，并选出最佳工作计划。 （2）专业教师对各小组提交的工作计划进行点评。 （3）各小组成员根据专业教师的评价，对工作计划进行调整，调整后的工作计划即为最终实施方案。
任务准备
1. 车辆作业前预检

车辆 VIN 码	
车辆外观	□正常　□划痕　□破损　其他说明_____
车辆内饰	□正常　□划痕　□破损　其他说明_____

2. 高压安全作业前期准备

名称	现有状况			应对策略		
绝缘手套	□正常	□破损	□脏污 □过期	□更换	□维修	□清洁
绝缘鞋	□正常	□破损	□脏污 □过期	□更换	□维修	□清洁
护目镜	□正常	□破损	□脏污 □过期	□更换	□维修	□清洁

续上表

名称	现有状况		应对策略		
安全帽	□正常	□破损 □脏污 □过期	□更换	□维修	□清洁
绝缘工具套装	□正常	□破损 □脏污 □过期	□更换	□维修	□清洁
绝缘地垫外观	□正常	□破损 □脏污 □过期	□更换	□维修	□清洁
绝缘地垫绝缘阻值	□正常	绝缘阻值_____	□更换		
隔离栏	□正常	□破损 □脏污	□更换	□维修	□清洁
警示牌	□正常	□破损 □脏污	□更换	□维修	□清洁
灭火器	□正常	□过期	□更换		

任务实施

序号	项目	具体操作记录
1	场地准备	
2	设立安全监护人、持证上岗	
3	作业前现场环境检查	
4	验证故障现象	
5	明确故障症状	
6	推测可能原因	
7	确定故障原因	
8	标准作业维修	
9	确认故障排除	

总结评价

请根据自己在任务实施中的实际表现进行自我评价。

自我评价：

任务考核评价表

项目	评分标准	配分	得分
任务引入	明确工作任务（新能源汽车无法交流充电故障诊断）	5	
信息收集	了解新能源汽车故障诊断方法	5	
	掌握新能源汽车故障诊断策略	5	
计划与决策	制订新能源汽车无法交流充电故障诊断计划	5	
	结合最终计划能协同小组成员进行任务分工	5	
任务准备	完成车辆作业前预检	5	
	完成高压安全作业前期准备	5	
任务实施	作业前现场环境检查	5	
	验证故障现象	10	
	明确故障症状	10	
	推测可能原因	10	
	确定故障原因	10	
	标准作业维修	10	
	确认故障排除	5	
总结评价	能够对自己在任务实施中的表现综合评价	5	
	总分	100	

学习测验

（1）在实际工作岗位上，新能源汽车故障诊断的方法有_____、随车诊断法、_____、_____、故障征兆模拟诊断法和_____。

（2）新能源汽车故障诊断策略以故障诊断六步法为例，完成下面填空。

| | 明确故障症状 | → | → | → | → | → | |

（3）请完成以下指示灯/警告灯的含义填空（表3-8）。

指示灯/警告灯的识别　　　　　　　　　　表3-8

序号	图像	含义	颜色
1	🚗		红
2			红
3			红
4			红
5			红
6			黄
7			黄
8	READY		绿
9			黄
10			黄

项目四

新能源汽车常见故障诊断

任务 1 新能源汽车不能上低压电故障诊断

🎯 任务引入

某客户反映自己的车辆按智能钥匙开锁键,车门无法正常解锁,组合仪表黑屏,车辆无反应。假如你是一名新能源汽车维修技师,你将如何对新能源汽车不能上低压电进行故障诊断呢?

🎯 任务要求

▶ **知识目标**

1. 掌握新能源汽车上低压电的控制逻辑;
2. 掌握新能源汽车不能上低压电常见故障诊断方法。

▶ **技能目标**

1. 能够正确分析新能源汽车上低压电的控制逻辑;
2. 能够独立完成新能源汽车不能上低压电的故障诊断。

▶ **素养目标**

1. 培养学生的职业规范、安全意识和工匠精神;
2. 培养学生的职业道德和团队合作意识;
3. 培养学生的逻辑分析能力和自主学习能力。

🎯 知识储备

新能源汽车虽然有高压动力蓄电池储存电能并用作车辆行驶的能量来源,但是低压蓄电池是必不可少的部分。

一、上低压电的工作原理

1. 低压起动

(1)低压蓄电池。蓄电池主要是为起动系统和其他用电设备提供电能,在新能源汽车中对蓄电池功能要求单一,工况简单,对工作电流要求下降。在新能源汽车上使用的蓄电池仍然是铅酸蓄电池,这种类型的蓄电池工艺成熟,质量稳定,成本低,但也存在寿命短、质量大、污染严重的缺点。目前,部分厂家在蓄电池选用上采用了能量密度更高、寿命更长、更加环保的磷酸铁锂蓄电池,但由于其价格远远高于铅酸蓄电池,因此用量不大。

(2)车载网络系统。车载网络系统作为车辆运行时协调整车运行和负责整车信息采集上传并实现远程控制的模块,需要同时采集车辆驱动系统与车身系统各模块的信息并进行综合分析与控制,车载网络系统出现故障将影响车辆正常上电及行驶。

(3)起动控制。车辆在停车状态下,不踩制动踏板,按下起动开关,给低压用电设备供电,完成上低压电。

2. 上低压电成功的车辆状态

一般我们认为新能源汽车低压用电设备可以正常工作,说明上低压电完成。我们可以通过观察组合仪表灯是否正常点亮、门窗是否正常工作等来判断低压是否完成上电。

3. 上低压电的控制逻辑

上低压电的控制逻辑如图 4-1 所示。

(1)通过车辆 12V 低压蓄电池给车身控制模块(BCM)供电。

(2)车身防盗系统检测到合法钥匙信号反馈给 BCM。

(3)按下起动开关,BCM 接收到起动信号。

(4)BCM 接收到上述所有信号(合法钥匙信号、起动信号)后,控制 IG1/IG2 继电器吸合,低压用电设备可以正常工作,完成车辆上低压电。

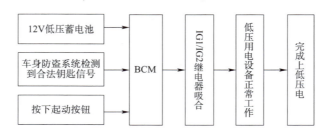

图 4-1　上低压电的控制逻辑

二、常见不能上低压电的故障诊断流程

结合智能钥匙、蓄电池、起动开关来分析车辆不能上低压电的故障诊断流程,具体如图 4-2 所示。

(1)首先按下智能钥匙开锁键,检查车门是否可以正常解锁。

(2)若车门不可以正常解锁,可以用智能钥匙的机械钥匙打开车门,打开前机舱盖,检查车辆蓄电池静态电压是否在正常范围内。若电压值不正常,则应检查并维修车辆蓄电池,必要时进行车辆蓄电池修复充电或更换;若电压值正常,说明车辆蓄电池良好,则检查智能钥匙电池电压是否正常。若电压值不正常,则说明需要更换智能钥匙电池;若电压值正常,则说明智能钥匙内部可能存在故障,需要更换智能钥匙。

(3)若车门可以正常解锁,同时观察到双跳灯闪烁,则按下起动开关,观察低压用电设备是否可以正常工作。若低压用电设备不能正常工作,则检查维修起动开关及其相关线路;若低压用电设备能正常工作,组合仪表正常点亮,则说明上低压电完成。

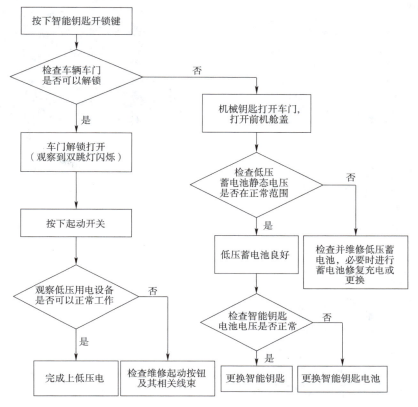

图 4-2 车辆不能上低压电的故障诊断流程

三、不能上低压电的故障现象及故障原因分析

1. 按智能钥匙开锁键,车门无法正常解锁

1) 故障现象

按智能钥匙开锁键,车门无法正常解锁,组合仪表黑屏,车辆无反应。

2) 故障原因分析

(1) 低压蓄电池欠压。

(2) 低压蓄电池负极搭铁断路。

(3) 智能钥匙低电量。

(4) 智能钥匙元件本身故障。

3) 故障诊断方法

针对以上可能产生故障现象的原因,故障诊断方法如下:

(1) 使用万用表测试低压蓄电池的电压值是否在正常范围内,若电压值低于正常值 (图 4-3),则应为低压蓄电池充电至正常值或者更换新的低压蓄电池(图 4-4),再观察现

低压蓄电池电量低
引起无法上低压电

象。若更换低压蓄电池,必须使用同型号、同规格的低压蓄电池。

图 4-3　检测低压蓄电池电压

图 4-4　更换同规格低压蓄电池

（2）检查低压蓄电池接线柱是否拧紧和清洁,若接线柱没有问题,使用万用表测试低压蓄电池负极与车身搭铁之间的通断情况。这里需要注意:低压蓄电池负极搭铁连接2根搭铁线,分别是DC/DC搭铁和车身搭铁,若两根负极搭铁均与车身搭铁断路（图4-5）,则需修复搭铁线后,再观察现象。

图 4-5　低压蓄电池负极搭铁线束断路

（3）打开智能钥匙壳体,使用万用表测试智能钥匙电池的电压值是否在正常范围内。若电压值在正常值范围内,说明智能钥匙电池电压值正常;若智能钥匙电池电压值低于正常值（图4-6）,则需更换新的智能钥匙电池之后,再观察现象,更换前确保新的电池电压正常（图4-7）。

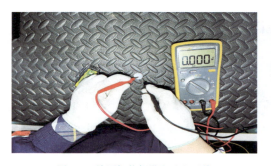

图 4-6　检测智能钥匙电池电压值

图 4-7　检测新的智能钥匙电池电压值

（4）智能钥匙内置防盗芯片,所产生的电子干扰可能使智能钥匙系统和防盗系统工作不正常,车辆可能无法起动。检测智能钥匙元件本身是否存在故障,若元件本身存在故障,则应更换智能钥匙,再观察现象。

2.按智能钥匙开锁键,车门可以正常解锁

1）故障现象

按智能钥匙开锁键,车门可以正常解锁,但按下起动开关,组合仪表未正常点亮,车辆无反应。

2）故障原因分析

（1）起动开关元件损坏及相关线束故障。

（2）车内天线元件及相关线束故障。

3）故障诊断方法

针对以上可能产生故障现象的原因,故障诊断方法如下。

起动开关线束连接器断路
引起无法上低压电

（1）若要起动车辆,与车辆匹配的智能钥匙必须在车内,并且被检测到。通过观察故障现象车门可以正常解锁,说明低压蓄电池和智能钥匙均能正常工作。按下起动开关,观察起动开关指示灯是否点亮,观察组合仪表是否点亮（图4-8）,若起动开关指示灯不点亮,组合仪表未正常点亮,同时所有低压用电设备无法正常工作,说明有可能是起动开关本身及线束故障。经检查若是起动开关本身故障,则更换起动开关;若是起动开关相关线束故障,则修复线束后再观察现象（图4-9）。

图4-8 按下起动开关观察组合仪表指示灯点亮情况

图4-9 检查起动开关相关线束

（2）确保起动开关和智能钥匙本身是好的情况下,按下起动开关,观察组合仪表点亮情况。若组合仪表未正常点亮,则检查车内天线及相关线束,若线束故障,则修复车内天线后再观察现象。

综合实践

智能钥匙电池低电量引起不能上低压电的故障诊断

一、准备工作

（1）实训场地:新能源汽车整车实训室（理实一体化实训室）。

（2）工具及车辆:作业工具套装、高压防护用具、检测工具、新能源汽车等。

（3）辅助资料:车辆维修手册、教材等。

二、实施步骤

钥匙低电量引起
无法上低压电

某吉利几何 A-Pro 车主反映:按智能钥匙开锁键,车门无法正常解锁,组合仪表黑屏,车辆无反应。

下面按照故障诊断六步法进行故障诊断。

1. 验证故障现象

(1)按智能钥匙开锁键,观察到车门无法解锁(图4-10)。

(2)按压智能钥匙背面的释放按键,抽出智能钥匙的机械钥匙,一只手按住车门拉手的一边,另一只手将机械钥匙轻轻插入机械钥匙孔,打开车门(图4-11)。

图4-10　按智能钥匙开锁键车门无法解锁　　　　图4-11　使用机械钥匙开车门

(3)将智能钥匙放到中央扶手储物盒内,不踩制动踏板,按下起动开关,观察组合仪表黑屏,车辆无反应(图4-12、图4-13)。

图4-12　按下起动开关车辆无反应　　　　图4-13　仪表黑屏

2. 明确故障症状

经过对故障现象的验证,明确车辆故障症状为:按智能钥匙开锁键,车门无法正常解锁,组合仪表黑屏,车辆无反应。

3. 推测可能原因

按智能钥匙开锁键,车门无法正常解锁,很可能是蓄电池欠压或者钥匙低电量或CAN通信线路出现故障。新能源汽车上低压电的必要条件:蓄电池工作正常、智能钥匙工作正常、起动开关正常、通信线路良好。因此,可以从以上几个方面进行检查(图4-14、图4-15)。

项目四 新能源汽车常见故障诊断

图 4-14　低压蓄电池　　　　　　　　图 4-15　智能钥匙

4. 确定故障原因

（1）测试低压蓄电池供电电压为 12.38V，为正常（图 4-16）。

（2）测试智能钥匙电池电压为 2.79V，为异常（图 4-17）。

经测试发现智能钥匙电池电压为低电量。

图 4-16　检查蓄电池电压　　　　　　　图 4-17　检查智能钥匙电池电压

5. 标准作业维修

由于智能钥匙内的电池电量低造成车辆未识别出智能钥匙时，需要更换智能钥匙内的电池。

（1）按压智能钥匙背面的释放按键，将智能钥匙的机械钥匙抽出，将机械钥匙轻轻插入中间的开口处，然后握住手柄向逆时针方向旋转即可把钥匙后盖撬开（图 4-18、图 4-19）。

图 4-18　抽出机械钥匙　　　　　　　图 4-19　开启智能钥匙外壳

（2）更换安装同型号新电池。这里需注意：电池安装时正负极方向应正确，同时确保更换的电池是好的。该款车型的智能钥匙电池电压型号为 3V（图 4-20、图 4-21）。

127

图 4-20　更换前检测新电池电压

图 4-21　智能钥匙外壳恢复闭合

（3）将两半智能钥匙壳相互卡到位，恢复闭合状态，将机械钥匙安装到指定位置。

6. 确认故障排除

按下智能钥匙开锁键，车门正常解锁，打开车门，将智能钥匙放在车辆中央扶手储物盒内，按下起动开关，观察组合仪表灯正常点亮（图 4-22），低压用电设备正常工作，完成上低压电。

图 4-22　车辆正常上低压电

任务工单

新能源汽车不能上低压电的故障诊断

任务引入
某客户反映自己的车辆按智能钥匙开锁键，车门无法正常解锁，组合仪表黑屏，车辆无反应。假如你是一名新能源汽车维修技师，你将如何对新能源汽车不能上低压电进行故障诊断呢？
信息收集
（1）查阅电路图及相关维修资料，对起动系统电路进行分析。 （2）查阅资料，绘制故障诊断流程图。
计划与决策
（1）小组成员针对任务内容制定工作计划，并展开讨论选出最佳方案。 （2）专业教师对各小组提交的工作计划进行点评。 （3）各小组成员根据专业教师的评价对工作计划进行调整，调整后的工作计划即为最终实施方案。

续上表

任务准备					
1. 车辆作业前预检					
车辆 VIN 码					
车辆外观	□正常　□划痕　□破损　其他说明＿＿＿＿＿＿＿＿＿＿				
车辆内饰	□正常　□划痕　□破损　其他说明＿＿＿＿＿＿＿＿＿＿				
2. 高压安全作业前期准备					
名称	现有状况		应对策略		
绝缘手套	□正常	□破损□脏污□过期	□更换	□维修	□清洁
绝缘鞋	□正常	□破损□脏污□过期	□更换	□维修	□清洁
护目镜	□正常	□破损□脏污□过期	□更换	□维修	□清洁
安全帽	□正常	□破损□脏污□过期	□更换	□维修	□清洁
绝缘工具套装	□正常	□破损□脏污□过期	□更换	□维修	□清洁
绝缘地垫外观	□正常	□破损□脏污□过期	□更换	□维修	□清洁
绝缘地垫绝缘阻值	□正常　绝缘阻值＿＿＿＿＿＿		□更换		
隔离栏	□正常	□破损□脏污	□更换	□维修	□清洁
警示牌	□正常	□破损□脏污	□更换	□维修	□清洁
灭火器	□正常	□过期	□更换		

任务实施	
1. 验证故障现象	
验证故障现象	
组合仪表是否显示故障指示灯	□无 □有＿＿＿＿＿＿＿＿＿＿＿＿＿＿＿＿
连接故障诊断仪读取故障码	□无 □有＿＿＿＿＿＿＿＿＿＿＿＿＿＿＿＿
连接故障诊断仪读取数据流	(1) (2) (3) (4)
2. 明确故障症状	
明确故障症状	(1) (2) (3) (4)
3. 推测故障原因	
结合故障现象推测可能的原因（包含部件或电路等）	(1) (2) (3) (4)

续上表

4.确认故障原因

(1)结合推测的故障原因进行诊断、检测。

序号	检测项目	检测方法	测试值	结果分析
1				□正常 □不正常
2				□正常 □不正常
3				□正常 □不正常
4				□正常 □不正常
5				□正常 □不正常
6				□正常 □不正常

(2)结合实车诊断与检测数据确认故障点。

故障点确认	

5.标准作业维修

维修方案	□更换　□维修　□调整
维修步骤	

6.确认故障排除

故障现象	
仪表显示 故障指示灯	□无 □有＿＿＿＿＿＿＿＿＿＿
故障诊断仪 读取故障码	□无 □有＿＿＿＿＿＿＿＿＿＿
故障诊断仪 读取数据流	(1) (2) (3) (4)

总结评价

请根据自己在任务实施中的实际表现进行自我评价。

自我评价：＿＿＿＿＿＿＿＿＿＿＿＿＿＿＿＿＿＿＿＿＿＿＿＿＿＿＿＿＿＿＿＿＿
＿＿＿＿＿＿＿＿＿＿＿＿＿＿＿＿＿＿＿＿＿＿＿＿＿＿＿＿＿＿＿＿＿＿＿＿＿

续上表

任务考核评价表

项目	评分标准	配分	得分
任务引入	明确工作任务（新能源汽车不能上低压电故障诊断）	2	
信息收集	结合电路图对系统电路进行分析	5	
	绘制故障诊断流程图	5	
计划与决策	制订新能源汽车不能上低压电的故障诊断计划	5	
	结合最终计划能协同小组成员进行任务分工	5	
任务准备	完成车辆作业前预检	5	
	完成高压安全作业前期准备	5	
任务实施	验证故障现象	10	
	明确故障症状	10	
	推测可能原因	10	
	确定故障原因	10	
	标准作业维修	10	
	确认故障排除	10	
总结评价	所有工具完成复位	3	
	能够对自己在任务实施中的表现综合评价	5	
	总分	100	

任务 2　新能源汽车不能上高压电故障诊断

任务引入

客户反映自己的车辆上低压电正常，但组合仪表 READY 指示灯未点亮，不能上高压电。假如你是一名新能源汽车维修技师，你将如何对新能源汽车不能上高压电进行故障诊断呢？

任务要求

▶ **知识目标**

1. 了解新能源汽车上高压电的控制逻辑；
2. 掌握新能源汽车不能上高压电的故障诊断方法。

▶ **技能目标**

1. 能够正确分析新能源汽车上高压电的控制逻辑；
2. 能够正确进行新能源汽车不能上高压电的故障诊断。

▶ **素养目标**

1. 培养学生的职业规范、安全意识和工匠精神；
2. 培养学生的职业道德和团队合作意识；
3. 培养学生的逻辑分析能力和自主学习能力。

知识储备

动力蓄电池系统、驱动电机系统、电机控制器是新能源汽车的核心系统，其中任意一个系统出现故障都可能导致车辆无法正常上高压电，使车辆无法正常行驶。

一、上高压电的工作原理

1. 高压起动

（1）上高压电。

车辆从其他挡位换至 READY 挡的过程，称为上高压电。

（2）高压起动操作步骤。车辆未起动时，不踩制动踏板，按下起动开关，会使起动开关置于 ACC 挡，完成上低压电；当起动开关置于 ACC 挡时，踩下制动踏板，按下起动开关，可以起动车辆，车辆进入可行驶状态（仪表 READY 指示灯点亮），完成上高压电。

图 4-23　上高压电成功时组合仪表显示状态

（3）上高压电成功的车辆状态。一般我们认为新能源汽车动力蓄电池对外输出高压电，与车辆高压系统运行相关模块都处于可工作、高压接触器吸合、驱动系统无故障、仪表 READY 指示灯点亮的状态，说明上高压电完成。我们可以通过观察组合仪表 READY 指示灯是否点亮，判断高压是否完成上电（图 4-23）。

2. 上高压电的控制逻辑

高压起动的前提条件包括相关模块自身、电源、搭铁正常，相关传感器、执行器本身及线路正常，通信网络无故障。上高压电的控制逻辑如图 4-24 所示。

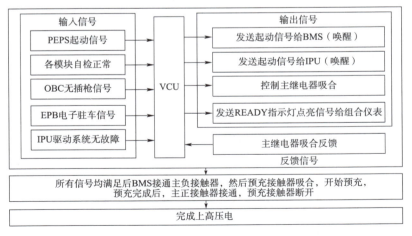

图 4-24　上高压电的控制逻辑

（1）车辆处于 OFF 挡，不踩制动踏板，按下起动开关，低压用电设备均可以正常工作，完成上低压电。

（2）踩下制动踏板，再次按下起动开关，将起动信号通过 BCM 传输至 VCU。

（3）同时与起动相关的模块完成自检后通过 CAN 网络传输自检完成信号；检测 OBC 无插枪信号，确保车辆与充电枪断开连接；检测 EPB 电子驻车信号，确认车辆处于停车状态；检测 IPU 无故障。

（4）VCU 检测到所有信号后，判断满足上高压电条件，则发送 VCU 发送出的上高压电指令。

（5）BMS 控制动力蓄电池包的主负接触器接通，然后预充接触器吸合，开始预充，预充完成后主正接触器接通，预充接触器断开，完成上高压电。

（6）同时，VCU 发送 READY 指示灯点亮信号到组合仪表。

二、常见不能上高压电的故障诊断流程

（1）车辆处于 OFF 挡，不踩制动踏板，按下起动开关，组合仪表点亮，低压用电设备均正常工作，完成上低压电。

（2）观察仪表 P 挡位指示灯是否点亮，若没有点亮，则检查电子换挡器模块是否正常，若电子换挡器模块正常，则检查电子换挡器相关线束，若不正常，则更换电子换挡器模块。

（3）若观察到组合仪表 P 挡位指示灯点亮，踩下制动踏板，检测是否有制动踏板信号，若没有检测到制动踏板信号，检测制动开关及相关线束。若检测到制动踏板信号，则再次按下起动开关，观察组合仪表 READY 指示灯是否点亮，若 READY 指示灯未点亮，则连接故障诊断仪，读取故障码。若有故障码，依据故障码读取数据流，查找相应故障；若无故障码，再次检测高压起动相关模块及线束。

（4）若组合仪表 READY 指示灯点亮，则说明上高压电完成，如图 4-25 所示。

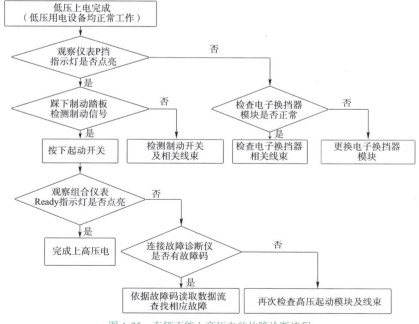

图 4-25　车辆不能上高压电的故障诊断流程

三、不能上高压电的故障现象及故障原因分析

1. 起动车辆,READY 指示灯未点亮

1)故障现象

起动车辆时,组合仪表 READY 指示灯未点亮,动力系统故障灯点亮,车辆无法高压起动。

2)故障原因分析

在车辆运行时,通过传感器及其他车载控制器将整车运行的信息与实时状态反馈给 VCU,同时 VCU 根据驾驶人操作意图与整车控制策略进行运算,并将控制指令通过 CAN 总线以及各个硬件接口传输给其他车载控制器与执行器。可能存在以下故障原因:

(1)主继电器本身及相关线束故障。

(2)高压互锁故障。

(3)动力蓄电池主、负接触器烧蚀。

(4)CAN 通信线路断路。

主继电器故障引起无法上高压电

3)故障诊断方法

根据高压起动控制逻辑,高压无法上电涉及故障范围较广,需要借助故障诊断仪进行诊断,通过故障诊断仪的故障码及数据流进一步缩小故障范围,为排除故障指明方向。具体故障诊断方法如下:

(1)连接故障诊断仪,读取故障码及数据流。分析故障码,若故障码显示主继电器故障(图 4-26)、电机水泵继电器故障,由于车辆主继电器在 VCU 控制搭铁后吸合,将电源供给电机水泵等模块,并将供电信号输送至 VCU 作为控制反馈信号。由于电机水泵也需要主继电器供电,所以故障码也有电机水泵继电器故障,则重点考虑主继电器本身及相关供电与控制线路出现故障。按下起动开关,完成给车辆上低压电,测量主继电器的供电电压是否正常。若供电电压正常,关闭起动开关,检测熔断丝的通断性,若熔断丝损坏,则更换新的同规格熔断丝;若供电电压不正常,检查主继电器与 VCU 之间的相关线束及供电情况,若情况不正常,应更换或修复相关线束,并重新对车辆进行高压起动,观察车辆状态。

(2)若故障码显示高压互锁故障(图 4-27),即当 VCU 检测到高压互锁故障,通过 CAN 通信线路将信号发送至 BMS,BMS 控制动力蓄电池内部各高压接触器断开,实现紧急下电。将起动开关置于 OFF 挡,做好高压安全防护,检查各高压插接器是否松动。若检查发现高压线束松动,则拧紧高压插接器;若检查发现未松动,断开低压蓄电池负极,对低压蓄电池负极进行绝缘处理。测试各插接器之间的线路电阻是否正常,若异常,则说明可能线束断路,电阻过大造成高压互锁故障,导致不能上高压电,应更换或修复相应高压线束,并重新对车辆进行高压起动,观察车辆状态。

(3)若动力蓄电池主、负接触器烧蚀,则无法正常吸合与断开,也会导致动力蓄电池无法正常输出高压电,则应更换动力蓄电池主、负接触器,并重新对车辆进行高压起动,观察车辆状态。

(4)若单元模块 CAN 通信线路故障,修复相应通信线束后,重新对车辆进行高压起动,观察车辆状态。

项目四 新能源汽车常见故障诊断

图4-26 故障码显示主继电器

图4-27 故障码显示高压互锁

2. 起动车辆,READY指示灯点亮后熄灭

1) 故障现象

起动车辆时,车辆刚开始能正常起动,仪表READY指示灯点亮(图4-28),但过了几秒后高压突然下电,且仪表READY指示灯熄灭(图4-29),动力系统故障灯点亮。

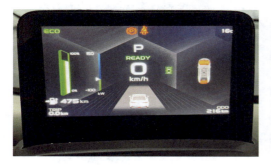

图4-28 开始时READY指示灯点亮

图4-29 几秒后READY指示灯熄灭

2) 故障原因分析

由于车辆刚开始能正常上电,说明各模块自检都能完成通过,因此排除各模块故障。但上高压电后突然下电,说明车辆检测到在上高压电后存有安全隐患,于是控制车辆高压下电。根据上高压电的控制原理,高压下电主要可能是由于高压绝缘故障引起的。

3) 故障诊断方法

针对车辆不能上高压电故障,一般需要借助故障诊断仪进行故障诊断,具体故障诊断方法如下:

(1) 连接故障诊断仪,读取故障码,故障码显示绝缘故障(图4-30)。

说明:在高压起动过程中,当BMS检测到直流母线绝缘电阻低于规定值时,会通过CAN通信线将信号发送至VCU,并控制动力蓄电池内部各高压接触器断开,实现紧急下电。

(2) 读取数据流,查看正负极绝缘阻值是否正常,若数据异常(图4-31),则进行实车绝缘阻值测试。

(3) 将起动开关置于OFF挡,断开低压蓄电池负极,对低压蓄电池负极进行绝缘处理;做好高压安全防护,断开动力蓄电池高压直流母线,使用万用表测量动力蓄电池高压直流母线正负极电压,若电压值在规定范围内,则说明下电完成;下电完成后,使用绝缘测试仪测量动力蓄

135

电池高压直流母线对地绝缘电阻,若符合要求则说明绝缘性良好;对动力蓄电池高压直流母线插接器端做绝缘处理,依次断开其他高压插接器,使用绝缘测试仪测量高压线对地或屏蔽层的绝缘电阻,若不符合要求则说明绝缘性不好,应更换相应高压线束总成(图4-32、图4-33)。

图4-30　故障码显示绝缘故障

图4-31　数据流显示负极绝缘值异常

图4-32　测试正极绝缘阻值(正常)

图4-33　测试负极绝缘阻值(异常)

(4)修复高压线束后,重新对车辆进行高压起动,观察车辆状态。

综合实践

高压互锁故障引起不能上高压电故障诊断

一、准备工作

(1)实训场地:新能源汽车整车实训室(理实一体化实训室)。
(2)工具及车辆:作业工具套装、高压防护用具、检测工具、新能源汽车等。
(3)辅助资料:车辆维修手册、教材等。

二、实施步骤

某吉利几何A-Pro车主反映:起动车辆时,组合仪表READY指示灯不点亮,动力系统故障灯点亮。

高压互锁故障引起无法上高压电

下面按照故障诊断六步法进行故障诊断。

1. 验证故障现象

（1）按智能钥匙开锁键，车门正常解锁。

（2）将智能钥匙放到中央扶手储物盒内，不踩制动踏板，按下起动开关，完成上低压电。

（3）踩下制动踏板，再按下起动开关，组合仪表 READY 指示灯不点亮，动力系统故障灯点亮（图 4-34）。

图 4-34 上高压电操作及组合仪表指示灯点亮状态

2. 明确故障症状

经过对故障现象的验证，明确车辆故障症状为：仪表 READY 指示灯不点亮，动力系统故障灯点亮。

3. 推测可能原因

连接故障诊断仪，读取故障码及数据流，VCU 系统显示高压互锁故障（图 4-27），说明车辆存在高压接插件断路或高压互锁低压检测线路故障，引起高压互锁故障导致无法上高压电。高压互锁相关电路如图 4-35 所示。

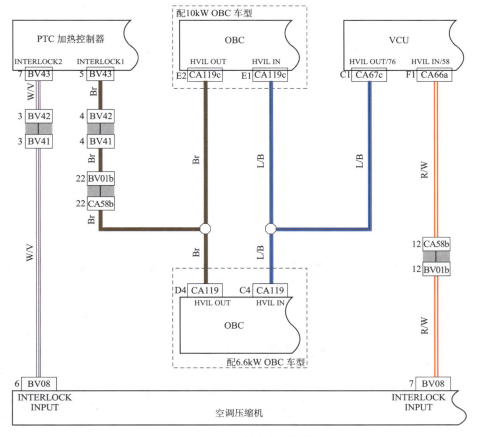

图 4-35 高压互锁相关电路图

图4-36 检查高压线束连接器是否松动

4. 确定故障原因

(1) 将车辆置于OFF挡,穿好工装和绝缘鞋,戴上绝缘手套、护目镜、安全帽,检查各高压线束连接器是否松动,经检查未松动(图4-36)。

(2) 断开低压蓄电池负极,并对低压蓄电池负极进行绝缘处理。

(3) 为了方便测试,选择在新能源汽车整车在线检测实训台上使用电阻法测量高压互锁相关线路之间的电阻,判断高压互锁线束之间是否断路(图4-37)。

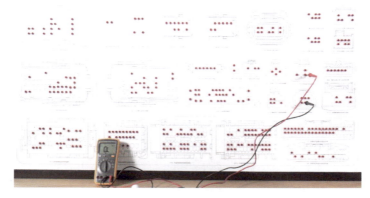

图4-37 在新能源汽车整车在线检测实训台上检测高压互锁线束之间是否断路

(4) 经测试发现线路BV43/7-BV08/6断路,引起高压互锁故障。

5. 标准作业维修

按照标准作业维修流程进行修复故障点(图4-38)。

6. 确认故障排除

将智能钥匙放到中央扶手储物盒内,按下起动开关,对车辆进行上低压电,系统完成自检,踩下制动踏板,再次按下起动开关,组合仪表READY指示灯点亮(图4-39),完成上高压电。

图4-38 在故障设置盒修复故障点

图4-39 车辆正常上高压电

新能源汽车不能上高压电故障诊断

任务引入
客户反映自己的车辆上低压电正常,但组合仪表 READY 指示灯未点亮,不能上高压电。假如你是一名新能源汽车维修技师,你将如何对新能源汽车不能上高压电进行故障诊断呢?
信息收集
(1)查阅电路图及相关维修资料,对高压互锁电路进行分析。 (2)查阅资料,绘制故障诊断流程图。
计划与决策
(1)小组成员针对任务内容制订工作计划,并展开讨论选出最佳方案。 (2)专业教师对各小组提交的工作计划进行点评。 (3)各小组成员根据专业教师的评价对工作计划进行调整,调整后的工作计划即为最终实施方案。
任务准备

1. 车辆作业前预检

车辆 VIN 码	
车辆外观	□正常　□划痕　□破损　其他说明_____
车辆内饰	□正常　□划痕　□破损　其他说明_____

2. 高压安全作业前期准备

名称	现有状况		应对策略		
绝缘手套	□正常	□破损□脏污□过期	□更换	□维修	□清洁
绝缘鞋	□正常	□破损□脏污□过期	□更换	□维修	□清洁
护目镜	□正常	□破损□脏污□过期	□更换	□维修	□清洁
安全帽	□正常	□破损□脏污□过期	□更换	□维修	□清洁
绝缘工具套装	□正常	□破损□脏污□过期	□更换	□维修	□清洁
绝缘地垫外观	□正常	□破损□脏污□过期	□更换	□维修	□清洁
绝缘地垫绝缘阻值	□正常	绝缘阻值_____	□更换		
隔离栏	□正常	□破损□脏污	□更换	□维修	□清洁
警示牌	□正常	□破损□脏污	□更换	□维修	□清洁
灭火器	□正常	□过期	□更换		

续上表

任务实施		
1. 验证故障现象		
验证故障现象		
组合仪表是否 显示故障指示灯	☐无 ☐有 _____	
连接故障诊断仪 读取故障码	☐无 ☐有 _____	
连接故障诊断仪 读取数据流	(1)	
	(2)	
	(3)	
	(4)	
2. 明确故障症状		
明确故障症状	(1)	
	(2)	
	(3)	
	(4)	
3. 推测故障原因		
结合故障现象 推测可能的原因 （包含部件或电路等）	(1)	
	(2)	
	(3)	
	(4)	
4. 确认故障原因		
(1)结合推测的故障原因进行诊断、检测。		

序号	检测项目	检测方法	测试值	结果分析
1				☐正常 ☐不正常
2				☐正常 ☐不正常
3				☐正常 ☐不正常
4				☐正常 ☐不正常
5				☐正常 ☐不正常
6				☐正常 ☐不正常

续上表

（2）结合实车诊断与检测数据确认故障点。

故障点确认	

5. 标准作业维修

维修方案	□更换　□维修　□调整
维修步骤	

6. 确认故障排除

故障现象	
仪表显示故障指示灯	□无 □有 _____
故障诊断仪读取故障码	□无 □有 _____
故障诊断仪读取数据流	（1） （2） （3） （4）

总结评价

请根据自己在任务实施中的实际表现进行自我评价。
自我评价：_____

任务考核评价表

项目	评分标准	配分	得分
任务引入	明确工作任务（新能源汽车不能上高压电故障诊断）	2	
信息收集	结合电路图对系统电路进行分析	5	
	绘制故障诊断流程图	5	
计划与决策	制订新能源汽车不能上高压电故障诊断计划	5	
	结合最终计划能协同小组成员进行任务分工	5	
任务准备	完成车辆作业前预检	5	
	完成高压安全作业前期准备	5	
任务实施	验证故障现象	10	
	明确故障症状	10	
	推测可能原因	10	
	确定故障原因	10	
	标准作业维修	10	
	确认故障排除	10	
总结评价	所有工具完成复位	3	
	能够对自己在任务实施中的表现综合评价	5	
	总分	100	

任务3　新能源汽车无法交直流充电故障诊断

任务引入

客户反映自己的车辆起动正常,当关闭起动开关后,对车辆进行交流充电时,仪表只显示充电连接指示灯,不显示动力蓄电池充电指示灯和充电电流等信息,无法交流充电。假如你是一名新能源汽车维修技师,你将如何进行汽车无法交流充电故障诊断呢?

任务要求

▶ **知识目标**

1. 了解新能源汽车交流充电系统的控制逻辑;
2. 了解新能源汽车直流充电系统的控制逻辑;
3. 掌握新能源汽车无法交流充电的故障诊断方法。

▶ **技能目标**

1. 能够正确分析新能源汽车交流充电系统的控制逻辑;
2. 能够正确分析新能源汽车直流充电系统的控制逻辑;
3. 能够独立完成新能源汽车无法交流充电的故障诊断。

▶ **素养目标**

1. 培养学生的职业规范、安全意识和工匠精神;
2. 培养学生的职业道德和团队合作意识;
3. 培养学生的逻辑分析能力和自主学习能力。

知识储备

新能源汽车可以通过外部电源对车辆的动力蓄电池进行充电以及补充能量。目前,新能源汽车的充电方式主要有交流充电和直流充电两种不同的方式。多数纯电动汽车同时配备交流充电和直流充电接口,部分新能源汽车采用换电模式进行动力蓄电池的能量补充,仅配备直流充电接口,还有部分混合动力电动汽车只配备交流充电接口。

一、交流充电与直流充电接口

1. 交流充电接口

交流充电接口又称慢充口,总共有7孔,各针脚含义如图4-40所示。L1与N端子是交流220V电源的相线与零线,用以传递电能;PE为保护搭铁线,将车辆搭铁与电源搭铁相连;L2、L3是三相交流充电预留端子;CC为充电连接确认,CP为控制连接确认,CC和CP两个端子负责低压控制信号的传递。充电连接确认(CC)信号是车辆通过RC电阻值来判断充电枪是否正确连接和区分不同供电线束的充电限制功率;控制连接确认(CP)信号则是供电设备用来判断充电枪是否与车辆完成连接,并向车辆发送代表供电设备能够提供的最大工作电流的 PWM(脉冲宽度调制)信号。

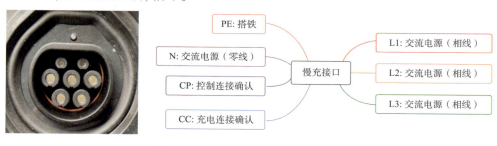

图 4-40　车辆交流充电接口及各针脚含义

2. 直流充电接口

直流充电接口又称快充口,总共有 9 孔,各针脚含义如图 4-41 所示。DC + 为直流电源正;DC – 为直流电源负;S + 为充电 CAN – H;S – 为充电 CAN – L;PE 为保护搭铁线,将车辆搭铁与电源搭铁相连;A + 为辅助电源正;A – 为辅助电源负;CC1 为充电桩充电连接确认;CC2 为车辆充电连接确认。

 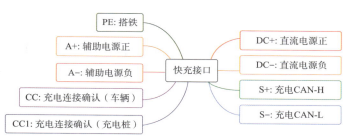

图 4-41　车辆直流充电接口及各针脚含义

二、充电系统的工作原理

充电系统电气原理示意图如图 4-42 所示。

新能源汽车不同的充电方式

1. 交流充电系统

1)交流充电系统的结构

交流充电系统又称慢充充电系统,它一般使用 220V 单相交流电,通过高低压充电系统总成中的车载充电机进行整流转换,将单相交流电转换成高压直流电后,通过高压直流母线将直流高压直接输送到车辆的动力蓄电池(图 4-43)。交流充电系统一般主要由供电设备(交流充电桩和交流充电枪)、交流充电接口、交流充电线束、车载充电机、高压配电盒等组成。

2)交流充电系统的控制逻辑

交流充电枪首先与交流充电桩连接,然后将充电枪端接口与车辆交流充电接口相连接,插枪后手离开枪头,S3 开关闭合,RC 电阻被车辆控制装置检测,仪表显示充电连接确认指示灯点亮。车辆检测充电枪为连接状态后,充电机首先会检测动力蓄电池的充电需求、动力蓄电池是否有不能充电的故障,若充电机无故障时,车辆装置收到 CC 信号后唤醒 BMS,BMS 唤醒 OBC、VCU,待 VCU 反馈车辆系统正常后,告知车辆控制装置,待 CP 信号输入车辆控制装置后,激活车载充电机(OBC)开始充电(图4-44)。

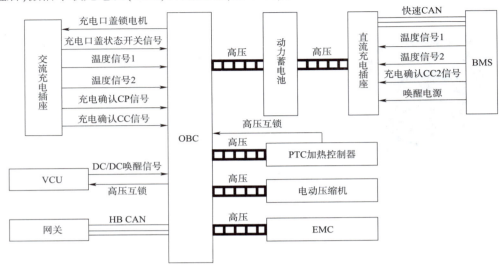

图4-42 充电系统电气原理示意图

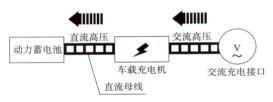

图4-43 交流充电系统能量传递线路图

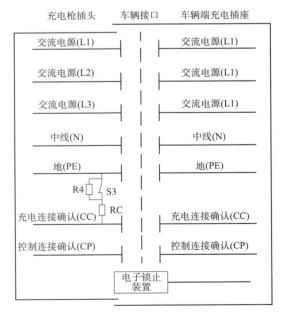

图4-44 交流充电接口端子连接示意图

3)充电锁的控制逻辑

充电锁具备在交流充电时电子锁止功能,防止拔插充电枪时带电插拔,产生危险,同时起到充电枪防盗作用,电子锁安装在充电插座上,通过控制圆柱锁杆的伸缩实现上锁和解锁功能。当进入交流充电时,OBC接收到BMS发送的允许充电信号后锁止交流充电枪,当接收到BCM/PEPS(无钥匙进入系统)发送的解锁信号时解锁交流充电枪,当接收到BCM/PEPS发送的闭锁指令时锁止充电枪(图4-45)。

2. 直流充电系统

1)直流充电系统的结构

直流充电系统又称快充充电系统,它一般使用380V三相交流电,经过功率转换后,将快充口直接通过高压线束与动力蓄电池包相连(图4-46),实现给动力蓄电池进行充电。与交流充电系统的结构不同,直流充电系统由于不需要配备车载充电机,结构相对简单,一般主要由供电设备(直流充电桩和直流充电枪)、直流充电接口、直流充电线束等组成。

图 4-45　充电锁的控制逻辑

图 4-46　直流充电系统能量传递线路图

从车辆结构部件的布置来看,直流充电接口与动力蓄电池总成直接相连,不经过车上其他高压部件,直流充电的高压线束直接从直流充电插座连接到动力蓄电池,其他低压线束均与BMS 连接,完成充电控制与通信。目前,市面上的部分纯电动汽车由于车型设计布置的需要,会将直流充电经过高压分配盒后再接入动力蓄电池,无论哪种方案,考虑到安全问题,都会将充电接口的直流线束与高压蓄电池的正负极通过继电器来进行隔离,避免车辆运行过程中造成充电接口的高压暴露。在直流充电的过程中,车辆本身不对输入电流进行调节,车辆只是通过 BMS 发送充电需求,直流充电的电源电压、电流控制等都由直流充电桩来完成。

2) 直流充电系统的控制逻辑

直流充电与交流充电不同,一般直流充电枪与充电线直接从充电桩上引出,减少发生接触不良的情况,充电枪与车辆直流充电接口连接之后,充电机控制器就可以识别到充电枪已经与车辆完成连接,同时控制充电机完成高压回路的绝缘检测,确认正常后通过通信线 S +、S − 发送握手信号;同时车辆控制器也采用低压辅助电源或车辆本身 12V 电源进行检测,当车辆确认直流充电枪连接,并发送握手信号;当车辆与充电机互相确认状态后,高压回路接通,开始充电。车辆向充电机发送实时的充电需求参数,充电机根据请求对输出电压和充电电流进行调节。在整个充电过程中,车辆控制装置和充电机控制装置互相通信,交换实时状态并进行调整(图 4-47)。

3. 其他类型充电

1) 低压充电

上高压电前,低压电路系统依赖 12V 铅酸蓄电池供电,当上高压电后,高低压充电系统内置 DC/DC 变换器将动力蓄电池输出的高压直流电转换成低压直流电为 12V 铅酸蓄电池充电,并充当辅助低压电源(图 4-48)。

2) 智能充电

长时间停放的车辆容易造成低压蓄电池亏电,当低压蓄电池严重亏电时,将会导致车辆无法起动上电。为避免这一问题,有些电动汽车具有智能充电功能。当低压蓄电池电压低于设定值时,BMS 向 VCU 发送智能补电请求,此时如果 VCU 收到电源处于 OFF 挡信号,并判断 4 门 2 盖处于关闭状态,即向 BMS 发送闭合主继电器指令,主正、主负继电器闭合之后,DC/DC 变换器开始为低压蓄电池充电(图 4-49)。

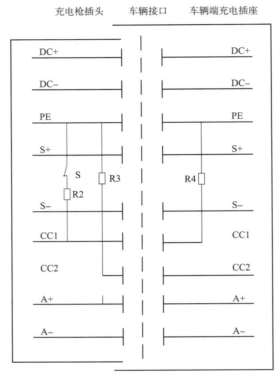

图 4-47 充电接口端子连接示意图

图 4-48 低压充电的控制逻辑

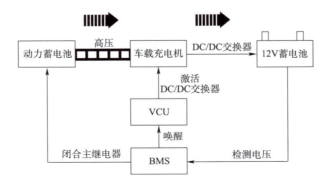

图 4-49 智能充电的控制逻辑

3)制动能量回收

车辆在滑行或制动时,VCU 通过状态数据采集,推算所需的制动转矩并发给电机控制器。此时,电机从工作模式转换为发电模式向蓄电池组充电。制动能量回收传递路线与能量消耗相反,在制动能量回收过程中,电机消耗车轮旋转的动能发出交流电而输出给电机控制器,电机控制器将交流电转换成直流电给动力蓄电池充电(图 4-50)。

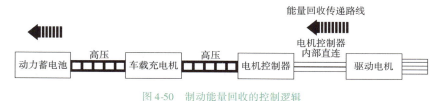

图 4-50　制动能量回收的控制逻辑

三、无法交流充电的故障现象及故障原因分析

交流充电对于新能源汽车用户来说使用比较方便,可以使用家庭供电对车辆充电,因此,交流充电使用频率较高,在充电过程中遇到的问题也会比较多,维修人员必须理解交流充电控制原理,通过故障现象与车辆诊断仪的故障码和数据流来判断故障范围,从而快速为用户解决无法充电的问题。

1. 车辆连接充电枪后组合仪表充电连接指示灯不点亮,动力蓄电池充电指示灯不点亮

1)故障现象

车辆起动正常,关闭起动开关,对车辆进行交流充电时,连接交流充电枪后,仪表充电连接指示灯不点亮,同时动力蓄电池充电指示灯不点亮,无充电电流信息,无法交流充电(图 4-51)。

2)故障原因分析

当充电枪与车辆充电接口连接后,车载充电机(OBC)检测到充电连接确认(CC)信号电压拉低后,将充电枪连接信号通过 CAN 通信线路传递给整车控制器(VCU),VCU 接收到 OBC 发来的充电枪连接信号,通过 CAN 通信传递给组合仪表,组合仪表收到该信号后点亮充电连接指示灯。车辆的故障现象为仪表上充电连接指示灯不点亮,说明故障可能在以下几方面:

(1)CC 信号相关线路。

(2)充电枪 CC 线路。

(3)OBC 元件。

3)故障诊断方法

由于车辆起动正常,组合仪表充电连接指示灯不点亮,动力蓄电池充电指示灯不点亮,无充电电流等信息,根据交流充电的控制逻辑,无法交流充电的原因较多,需要借助故障诊断仪进行诊断,通过故障诊断仪的故障码及数据流进一步缩小故障范围,为排除故障指明方向。具体故障诊断方法如下:

图 4-51　充电连接指示灯不亮

CA119c/A2 与 BV24/6 断路引起无法交流充电

(1) 将车辆置于 OFF 挡,连接交流充电枪,在新能源汽车整车在线检测实训平台上测量车载充电机(OBC)的 CA119c/A2 与交流充电插座 BV24/6 之间的线路电阻为无穷大,说明不正常,更换或修复 CA119c/A2 与 BV24/6 之间的线束后,重新对车辆进行充电,车辆能够正常交流充电。

(2) 充电枪在不连接电源的情况下,测量充电枪 CC 与 PE 之间的电阻值,经检查发现交流充电枪内部 CC 线路与 PE 线路短路,更换交流充电枪后,重新对车辆进行充电,车辆能够正常交流充电。

(3) 将车辆置于 OFF 挡,做好高压安全防护,断开低压蓄电池负极并做好绝缘处理,等待 5min 后,断开动力蓄电池高压直流母线,使用万用表测量动力蓄电池高压直流母线正负极电压,若电压值在规定范围内,同时测量绝缘性在良好的情况下,检查与 OBC 线束连接器相连接的线束,若有 OBC 线束存在断路,则更换或修复线束连接器之间的线束后,重新对车辆进行充电,车辆能够正常交流充电。

2. 车辆连接充电枪后,组合仪表仅充电连接指示灯点亮,动力电池充电指示灯不点亮

1) 故障现象

车辆起动正常,关闭起动开关,对车辆进行交流充电时,连接交流充电枪后,仪表仅充电连接指示灯点亮,动力蓄电池充电指示灯不点亮,也无充电电流信息,无法交流充电(图 4-52)。

2) 故障原因分析

当充电枪与车辆充电接口连接后,车载充电机(OBC)检测到充电连接确认(CC)信号电压拉低后,并将充电枪连接信号通过 CAN 通信线路传递给整车控制器(VCU),VCU 接收到 OBC 发来的充电枪连接信号,通过 CAN 通信传递给组合仪表,组合仪表收到该信号后点亮充电连接指示灯。车辆能够显示充电连接指示灯,说明充电连接 CC 信号及 OBC 通信线路正常。同时充电枪连接后,OBC 根据 CP 电压信号从 12V 电压转变为 9V 的 PWM 信号,通过 CAN 通信告知 VCU 车辆正在充电;VCU 接收该信号通过 CAN 通信传递给组合仪表车辆正在充电,组合仪表接收到该信号后点亮仪表充电指示灯及充电电流指示灯。车辆的故障现象为仪表上无动力蓄电池充电指示灯和充电电流等信息,说明故障可能在以下几方面:

图 4-52 动力蓄电池充电指示灯不亮

(1) CP 信号相关线路。

(2) 充电枪 CP 线路。

(3) OBC 元件。

3) 故障诊断方法

由于车辆起动正常,仪表只显示充电连接指示灯,不显示动力蓄电池充电指示灯和充电电流等信息,根据交流充电的控制逻辑,无法交流充电的原因较多,需要借助故障诊断仪进行诊断,通过故障诊断仪的故障码及数据流进一步缩小故障范围,为排除故障指明方向。具体故障诊断方法如下:

(1) 将车辆置于 OFF 挡,连接交流充电枪,结合交流充电电路分析,在新能源汽车整车在线检测实训平台上测量 CA119c/A1 与 BV24/7 之间的线路电阻为无穷大,说明不正常,更换或修复 CA119c/A1 与 BV24/7 之间的线

CA119c/A1 与 BV24/7 断路引起无法交流充电

束后,重新对车辆进行充电,车辆能够正常交流充电。

（2）若在新能源汽车整车在线检测实训平台上测量 CA119c/A1 与 BV24/7 之间的线路正常,连接交流充电枪电源,测量充电枪 CP 与 PE 的电压与电阻均为 0,说明不正常。经检查发现交流充电枪元件内部 CP 线路与 PE 线路短路,更换交流充电枪后,重新对车辆进行充电,车辆能够正常交流充电。

（3）将车辆置于 OFF 挡,做好高压安全防护,断开低压蓄电池负极并做好绝缘处理,等待 5min 后,断开动力蓄电池高压直流母线,使用万用表测量动力蓄电池高压直流母线正负极电压,若电压值在规定范围内,则说明下电完成;下电完成后,使用绝缘测试仪测量动力蓄电池高压直流母线对地绝缘电阻,若符合要求则说明绝缘性良好;检查与 OBC 线束连接器相连接的线束,若有线束存在断路,则更换或修复线束连接器之间的线束后,重新对车辆进行充电,车辆能够正常交流充电。

四、无法直流充电的故障现象及故障原因分析

直流充电系统由于充电机安装在直流充电桩内,因此车辆侧的部件比较简单,对于蓄电池管理系统（BMS）集成在动力蓄电池组中的车型,除了充电口和相应的线束之外没有其他相关部件,因此高压直流充电的故障反而以低压信号故障为主。

1）故障现象

车辆起动正常,关闭起动开关,对车辆进行直流充电时,连接直流充电枪后,仪表无充电信息显示,无法直流充电。

2）故障原因分析

当直流充电枪与车辆充电接口连接后,低压辅助电源 12V 激活 BMS 模块进入工作状态,BMS 通过 CC2 信号电压检测充电枪是否与车辆可靠性连接;当 BMS 检测到 CC2 信号电压由 12V 变为 6V 时,确认充电枪连接,此时通过 CAN 通信线路传输信号给 VCU,控制仪表动力蓄电池充电指示灯点亮,并进入充电状态。车辆的故障现象为仪表上不显示动力蓄电池充电指示灯,说明故障可能在以下几方面:

（1）直流充电桩故障。

（2）BMS 系统局部故障。

（3）CC2 充电枪连接确认信号线断路。

3）故障诊断方法

由于车辆起动正常,但关闭起动开关后,对车辆进行直流充电时,仪表无充电信息显示,根据直流充电的控制逻辑,无法直流充电的原因较多,可以借助故障诊断仪进行诊断,直流充电系统电路图如图 4-53 所示。

具体故障诊断方法如下:

（1）通过更换直流充电桩或者充电车辆检查直流充电桩是否存在故障,若经检测发现直流充电桩存在故障,更换直流充电桩,对车辆进行充电,观察车辆能够正常直流充电。

（2）完成高压断电后,断开 BMS 端子的 CA70 线束连接器,测量直流充电口到 CA70 端子的电阻,CA70/1-BV20/4（S＋信号）线束的电阻值为无穷大、CA70/2-BV20/5（S－信号）线

束的电阻值为 0、CA70/3-BV20/7（CC2 信号）线束的电阻值为 0，CA70/4-BV20/8（A + 信号）线束的电阻值为 0、CA70/5-BV20/9（A - 信号）线束的电阻值为 0，说明 BMS 线路 CAN-H 线路断路，更换或修复线束后，对车辆进行充电，观察车辆能够正常直流充电。

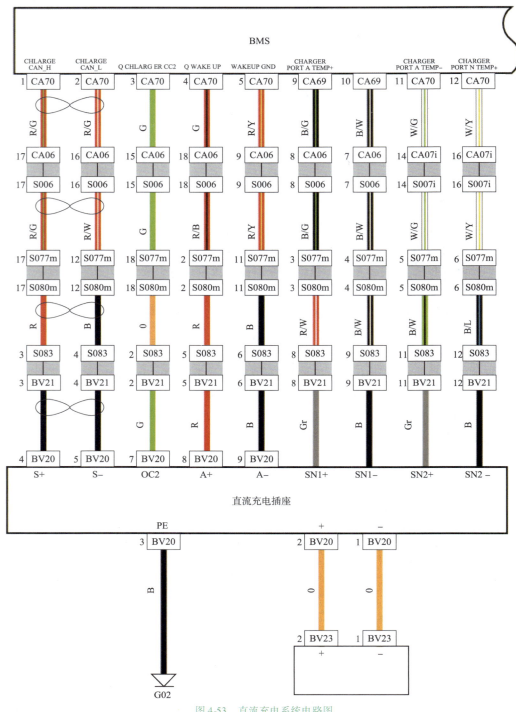

图 4-53 直流充电系统电路图

(3) BMS 控制信号线路在正常的情况下,观察仪表充电连接指示灯是否点亮,若不亮,则测量充电枪枪头 CC2 端子到搭铁线电阻值为无穷大,经检查发现直流充电枪内部 CC2 与 PE 线路断路,修复直流充电枪线路,对车辆进行充电,观察车辆能够正常直流充电。

综合实践

CP 信号线断路引起无法交流充电故障诊断

一、准备工作

(1) 实训场地:新能源汽车整车实训室(理实一体化实训室)。
(2) 工具及车辆:作业工具套装、高压防护用具、检测工具、新能源汽车等。
(3) 辅助资料:车辆维修手册、教材等。

二、实施步骤

某吉利几何 A-Pro 车主反映:车辆起动正常,关闭起动开关对车辆进行交流充电时,仪表只显示充电连接指示灯,不显示动力蓄电池充电指示灯和充电电流等信息,无法进行交流充电。

下面按照故障诊断六步法进行故障诊断。

1. 验证故障现象

(1) 按压交流充电接口盖板左侧,打开交流充电接口盖板。
(2) 按住交流充电接口防护盖锁止开关,取出交流充电接口防护盖。
(3) 将充电枪连接供电电源(充电桩),将交流充电连接设备与交流充电接口对接(图 4-54)。
(4) 观察仪表显示,发现充电连接指示灯点亮,无动力蓄电池充电指示灯,车辆无法交流充电(图 4-55)。

图 4-54 车辆连接充电枪

图 4-55 观察仪表指示灯

2. 明确故障症状

经过对故障现象的验证,明确车辆故障症状为:给车辆插上充电枪之后,仪表显示充电连接指示灯,但是不显示动力蓄电池充电指示灯,无法进行交流充电。

3. 推测可能原因

连接充电枪后车载充电机(OBC)检测到 CC 信号电压拉低,并将充电枪连接信号通过通信线路告知 VCU，当 VCU 接收到 OBC 发来的充电枪连接信号通过通信线路告知组合仪表，组合仪表收到该信号后点亮充电连接指示灯。该故障现象为仪表充电连接指示灯点亮，说明 CC 信号及 OBC 通信线路正常。OBC 根据 CP 电压信号从 12V 电压转变为 9V 的 PWM 信号，通过通信线路告知 VCU 车辆正在充电，VCU 接受该信号通过通信线路告诉组合仪表车辆正在充电，组合仪表接收到该信号后，点亮仪表动力蓄电池充电指示灯及充电电流等。通过故障现象为仪表上无法显示动力蓄电池充电指示灯及充电电流，说明故障可能在 CP 信号相关线路、充电枪 CP 线路、OBC 元件等。为了进一步明确故障范围，为排出故障指明方向，可以借助故障码显示为与车载充电器（OBC）失去通信（图 4-56），结合电路分析进一步缩小故障点范围在 CP 相关线路（图 4-57）。

图 4-56　读取故障码

图 4-57　交流充电系统电路分析

4. 确定故障原因

图 4-58　读取数据流

（1）结合故障诊断仪读取的故障码为与 OBC 失去通信，读取数据流并分析，发现 CP 充电功率检测为无交流电源连接，从 CP 相关线路进行查找（图 4-58）。

（2）结合交流充电电路分析，在新能源汽车整车在线检测实训平台上检测车载充电机 OBC 的 CA119c/A1 与交流充电插座 BV24/7 之间的 CP 线路是否断路。拔下交流充电枪，断开蓄电池负极，测试 CA119c/A1-BV24/7 之间线路电阻，其值为无穷大，说明线路断路（图 4-59）。

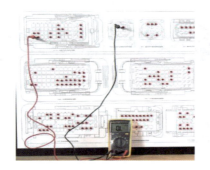

图 4-59　测试 CA119c/A1-BV24/7 通断性

5. 标准作业维修

按照标准作业流程修复 CA119c/A1-BV24/7 线束(图 4-60)。

6. 确认故障排除

将充电枪与车辆交流充电接口相连接,观察组合仪表充电连接指示灯和动力蓄电池充电指示灯均点亮,同时显示充电电流大小和"充电状态为充电中"提示,车辆可以正常交流充电(图 4-61)。

图 4-60　修复 CA119c/A1-BV24/7 故障点　　　图 4-61　车辆正常交流充电显示

新能源汽车无法交流充电故障诊断

任务引入
客户反映自己的车辆起动正常,当关闭起动开关后,对车辆进行交流充电时,仪表只显示充电连接指示灯,不显示动力蓄电池充电指示灯和充电电流等信息,无法交流充电。假如你是一名新能源汽车维修技师,你将如何进行汽车无法交流充电故障诊断呢?
信息收集
(1)查阅电路图及相关维修资料,对交流充电系统电路进行分析。 (2)查阅资料,绘制故障诊断流程图。
计划与决策
(1)小组成员针对任务内容制订工作计划,并展开讨论选出最佳方案。 (2)专业教师对各小组提交的工作计划进行点评。 (3)各小组成员根据专业教师的评价对工作计划进行调整,调整后的工作计划即为最终实施方案。
任务准备

1. 车辆作业前预检

车辆 VIN 码	
车辆外观	□正常　□划痕　□破损　其他说明＿＿＿＿＿＿＿＿＿＿＿
车辆内饰	□正常　☑划痕　□破损　其他说明＿＿＿＿＿＿＿＿＿＿＿

续上表

2. 高压安全作业前期准备

名称	现有状况			应对策略		
绝缘手套	□正常	□破损□脏污□过期		□更换	□维修	□清洁
绝缘鞋	□正常	□破损□脏污□过期		□更换	□维修	□清洁
护目镜	□正常	□破损□脏污□过期		□更换	□维修	□清洁
安全帽	□正常	□破损□脏污□过期		□更换	□维修	□清洁
绝缘工具套装	□正常	□破损□脏污□过期		□更换	□维修	□清洁
绝缘地垫外观	□正常	□破损□脏污□过期		□更换	□维修	□清洁
绝缘地垫绝缘阻值	□正常	绝缘阻值_____		□更换		
隔离栏	□正常	□破损□脏污		□更换	□维修	□清洁
警示牌	□正常	□破损□脏污		□更换	□维修	□清洁
灭火器	□正常	□过期		□更换		

任务实施

1. 验证故障现象

验证故障现象	
组合仪表是否显示故障指示灯	□无 □有_____
连接故障诊断仪读取故障码	□无 □有_____
连接故障诊断仪读取数据流	（1） （2） （3） （4）

2. 明确故障症状

明确故障症状	（1）
	（2）
	（3）
	（4）

3. 推测故障原因

结合故障现象推测可能的原因（包含部件或电路等）	（1）
	（2）
	（3）
	（4）

项目四　新能源汽车常见故障诊断

续上表

4. 确认故障原因

（1）结合推测的故障原因进行诊断、检测。

序号	检测项目	检测方法	测试值	结果分析
1				□正常 □不正常
2				□正常 □不正常
3				□正常 □不正常
4				□正常 □不正常
5				□正常 □不正常
6				□正常 □不正常

（2）结合实车诊断与检测数据确认故障点。

故障点确认	

5. 标准作业维修

维修方案	□更换　□维修　□调整
维修步骤	

6. 确认故障排除

故障现象	
仪表显示 故障指示灯	□无 □有＿＿＿＿＿＿＿＿＿＿＿＿＿＿＿＿＿＿＿
故障诊断仪 读取故障码	□无 □有＿＿＿＿＿＿＿＿＿＿＿＿＿＿＿＿＿＿＿
故障诊断仪 读取数据流	（1） （2） （3） （4）

续上表

总结评价			
请根据自己在任务实施中的实际表现进行自我评价。 自我评价：			

任务考核评价表

项目	评分标准	配分	得分
任务引入	明确工作任务（新能源汽车无法交流充电故障诊断）	2	
信息收集	结合电路图对系统电路进行分析	5	
	绘制故障诊断流程图	5	
计划与决策	制订新能源汽车无法交流充电故障诊断计划	5	
	结合最终计划能协同小组成员进行任务分工	5	
任务准备	完成车辆作业前预检	5	
	完成高压安全作业前期准备	5	
任务实施	验证故障现象	10	
	明确故障症状	10	
	推测可能原因	10	
	确定故障原因	10	
	标准作业维修	10	
	确认故障排除	10	
总结评价	所有工具完成复位	3	
	能够对自己在任务实施中的表现综合评价	5	
总分		100	

任务4　新能源汽车无法制冷或制热故障诊断

任务引入

客户反映自己车辆的空调系统无法制冷。假如你是一名新能源汽车维修技师，你将如何进行汽车空调系统无法制冷的故障诊断呢？

任务要求

知识目标

1. 了解新能源汽车空调系统的工作原理；
2. 掌握新能源汽车无法制冷的故障诊断方法；
3. 掌握新能源汽车无法制热的故障诊断方法。

项目四　新能源汽车常见故障诊断

▶ **技能目标**

1. 能够分析新能源汽车空调系统的控制逻辑;
2. 能够独立完成新能源汽车无法制冷的故障诊断;
3. 能够独立完成新能源汽车无法制热的故障诊断。

▶ **素养目标**

1. 培养学生的职业规范、安全意识和工匠精神;
2. 培养学生的职业道德和团队合作意识;
3. 培养学生的逻辑分析能力和自主学习能力。

知识储备

新能源汽车要求空调装置结构中的各个零部件应具有足够抗振动、冲击性能和良好的系统气密性能,同时应具有迅速制冷、制热和低速运行的能力。新能源汽车空调系统多采用高压动力蓄电池给电动压缩机和 PTC 加热器供能。

一、空调制冷系统

1. 制冷系统

新能源汽车空调制冷系统工作原理是通过压缩机提高系统压力,产生液化的制冷剂,并通过制冷剂汽化吸收热量完成对环境的制冷。

1) 制冷系统主要部件及作用

(1) 电动压缩机:用于压缩制冷剂,使制冷剂在系统中循环。

(2) 冷凝器:从压缩机排出的气态制冷剂在管道中进行降温散热。

(3) 冷凝风扇:为冷凝器强制通风,使空气吹过冷凝器带走热量。

(4) 蒸发器:使制冷剂膨胀,并吸收空气中的热量,达到制冷的作用。

(5) 膨胀阀:节流降压,通过膨胀阀隔离高低压区间,控制制冷量。

(6) 鼓风机:将车内热空气吹向蒸发器,并从各出风口吹出凉风。

(7) 压力开关:当系统的压力过高或过低时,使制冷系统停止工作,保护管路或使压缩机停止工作。

(8) 空调管路:制冷剂的循环通道。

2) 制冷剂的循环路线

目前,多数新能源汽车制冷剂采用的规格是 R134a,制冷剂的循环路线以压缩机和膨胀阀为节点分为低压管路和高压管路。

(1) 低压管路:从膨胀阀出口到压缩机入口,沿程有蒸发箱、低压加注口。

(2) 高压管路:从压缩机出口到膨胀阀入口,沿程有压缩机、冷凝器、干燥器、高压加注口、高低压开关、膨胀阀。

2. 制冷系统的工作过程

当空调制冷时,空调控制模块通过 LIN 总线采集到空调面板控制信号,而开关、空调压力开关、温度及风速等信号通过信号线路直接传送至空调控制模块后经过运算处理形成控制信号,通过 LIN 总线传输给空调控制器,由空调控制器控制空调压缩机高压电路的通断,以电动压缩机为动力源使制冷剂在制冷系统中正常循环流动,电动压缩机不断压缩制冷剂并将制冷剂输送到蒸发器内,制冷剂在蒸发器内吸热膨胀,使蒸发器冷却,鼓风机运转将空气吹过蒸发器而变成冷风通过出风口送入车厢,从而降低车内温度。

这里需要注意的是不同类型的新能源汽车驱动压缩机的动力来源不同。目前,部分混合动力电动汽车采用发动机发电驱动电动压缩机,而纯电动汽车采用电动机驱动的方式,由动力蓄电池直接供电,通过线束传输能量与控制信号。空调制冷系统由于高压线束和电机控制器的加入,对于工作环境可能直接接触尘土和水的电动压缩机和线束来说需要强化防尘防水等级和绝缘设计,以保障系统安全稳定运行。

3. 无法制冷故障现象及故障原因分析

1)故障现象

车辆正常上高压电后,仪表 READY 指示灯点亮,打开空调 A/C 开关,AUTO 模式,出风口未感觉到有冷风,无法制冷(图 4-62)。

2)故障原因分析

车辆能够正常上高压电,仪表无故障灯点亮,空调出风口无冷风。通过对空调制冷系统结构及工作原理分析,常见的主要故障原因有以下几个:

(1)空调电动压缩机元件本身及相关线束故障。

(2)空调压力开关元件本身及相关线束故障。

(3)蒸发箱温度传感器元件本身及相关线束故障。

(4)制冷剂泄漏。

空调无法制冷故障

3)故障诊断方法

由于车辆正常上高压电,仪表无故障灯点亮,空调出风口无冷风,无法制冷,根据制冷系统的控制逻辑,无法制冷的原因较多,需要借助故障诊断仪进行诊断,通过故障诊断仪的故障码及数据流进一步缩小故障范围,为排除故障指明方向。具体故障诊断方法如下:

(1)读取故障码及数据流,若显示空调压缩机故障(图 4-63),检查压缩机线束上的熔断丝是否损坏,若损坏,更换新的同规格熔断丝;检查空调电动压缩机通信线路 LIN 线是否断路或信号缺失,若断路,更换或修复通信线束;检查空调电动压缩机线束连接器的高压与低压线束是否松动,若松动,及时紧固线束连接器;若其他无故障,检查空调电动压缩机本身,若是本身故障,更换电动压缩机后,重新检查空调制冷系统是否正常工作。

图 4-62 空调制冷状态下测试出风口空气温度

图 4-63 与空调压缩机失去通信

(2)使用故障诊断仪读取故障码及空调压力数据流,连接空调压力表后,启动空调,观察空调压力表数据与故障诊断仪读取的数据流是否一致,若一致,则空调压力开关本身及线束无故障,若数据不一致,检查空调压力开关线束,若线束无故障,则可能是空调压力开关元件损坏,更换空调压力开关后,重新检查空调制冷系统是否正常工作。

(3)使用故障诊断仪读取数据流,查看蒸发箱温度传感器是否在正常温度范围内,若不在正常温度范围内,则检查相关线路,若线路无故障,则可能是蒸发器温度传感器损坏,更换后,重新观察空调制冷系统是否正常工作。

(4)连接空调压力表,观察制冷剂空调压力是否在规定范围内,若空调压力值在规定范围内,则无泄漏;若空调压力值不在规定范围内,观察有无泄漏部位,若有泄漏部位,修复泄漏部位后,重新检查空调制冷系统是否正常工作。

二、空调制热系统

目前,纯电动汽车多采用 PTC 加热元件制热。PTC 元件是一种正温度系数热敏电阻,它可作为发热元件、热敏开关,还可用于检测温度。

空调无法制热故障

1. 制热系统工作原理

吉利几何 A-Pro 车型的制热系统采用 PTC 加热器,通过 LIN 总线接收工作信号,工作后对冷却液进行加热,冷却液通过热交换器完成对进入驾驶室的空气加热。为了提高制热器的效率,现在制热多数以水为介质,将水加热后送到空调风道的散热器,再经鼓风机吹向车厢内或风窗玻璃,用以提高车厢内温度和除去风窗玻璃上的霜雾。

2. 无法制热故障现象及故障原因分析

1)故障现象

车辆正常上高压电后,仪表 READY 指示灯点亮,打开空调 A/C 开关,调节 HEAT 键到最高的制热温度,出风口有风但无热风,无法制热(图 4-64)。

2)故障原因分析

车辆能够正常上高压电,仪表无故障灯点亮,空调出风口有风但无热风。通过对空调制热系统结构及工作原理分析,连接故障诊断仪,读取故障码及数据流,故障码显示 PTC 加热器通信丢失(图 4-65),经过对数据流的分析为 PTC 加热器及其线路故障。常见的主要故障原因有以下几个:

(1)PTC 加热器本身及线束故障。

(2)LIN 通信线路断路或信号缺失故障。

3)故障诊断方法

(1)结合空调系统电路分析,在新能源汽车整车在线检测实训平台上测试 BV43/1 端子的电压是否正常,若异常,检查线路上的熔断丝或继电器是否损坏,若损坏,更换同规格新的熔断丝或继电器后,再次检查空调制热系统是否正常工作。

(2)结合空调系统电路分析,在新能源汽车整车在线检测实训平台上测试 PTC 加热器的 LIN 通信线路,检查 BV43/6-BV42/2 之间线束是否断路,若线束断路,更换或修复线束后,再次检查空调制热系统是否正常工作。

图 4-64 空调制热状态下测试出风口空气温度

图 4-65 与 PTC 加热器失去通信

综合实践

鼓风机继电器故障引起空调系统无法通风故障诊断

一、准备工作

(1) 实训场地:新能源汽车整车实训室(理实一体化实训室)。
(2) 工具及车辆:作业工具套装、高压防护用具、检测工具、新能源汽车等。
(3) 辅助资料:车辆维修手册、教材等。

二、实施步骤

某吉利几何 A-Pro 车主反映:车辆正常起动,空调出风口不出风。
下面按照故障诊断六步法进行故障诊断。

空调无法通风故障

1. 验证故障现象

(1) 按下智能钥匙开锁键,车门正常解锁,打开车门,将智能钥匙放在车辆中央扶手储物盒内,按下起动开关,组合仪表点亮,低压用电设备正常工作,完成上低压电。
(2) 踩下制动踏板,再次按下起动开关,组合仪表 READY 指示灯点亮,上高压电完成(图 4-66)。
(3) 按下空调 A/C 开关,将风量调至最大,手拿纸条观察出风口出风量,经过观察,纸条没有丝毫动作,说明空调出风口没有出风(图 4-67)。

2. 明确故障症状

经过对故障现象的验证,明确车辆故障症状为:车辆可以正常上高压电,在空调触控板上按下空调 A/C 开关,选择 AUTO 模式,出风口不出风,无法制冷。

3. 推测可能原因

故障症状为车辆可以正常上高压电,仪表无故障灯点亮,空调出风口无冷风。连接故障诊断仪,读取故障码和数据流,故障码显示鼓风机故障和电机水泵使能信号开路(图 4-68、图 4-69)。
结合对空调系统的电路分析,如图 4-70 所示,可能的原因如下:
(1) 鼓风机本身及线束故障。

(2)电动水泵本身及线束故障。

(3)通信线路断路或信号缺失。

图 4-66　仪表 READY 指示灯点亮

图 4-67　观察出风口的出风量

图 4-68　故障码显示鼓风机故障

图 4-69　故障码显示电机水泵使能信号开路

4. 确定故障原因

通过对空调系统相关电路分析,打开室外熔断丝盒盖,找到鼓风机继电器 ER10,使用电阻法进行继电器检测,经检查继电器损坏,导致鼓风机线路故障,引起鼓风机不工作,出风口不出风,无法制冷(图 4-71)。

图 4-70　分析空调系统相关电路

图 4-71　检测鼓风机继电器

5. 标准作业维修

按照标准作业流程更换同规格的继电器,更换前确保新的继电器是好的(图 4-72)。

6. 确认故障排除

重新起动车辆,在空调系统控制面板上,按下 A/C 开关,选择 AUTO 模式,观察汽车空调出风口的出风情况,出风口出风正常,空调制冷系统正常工作(图 4-73)。

图 4-72　更换同规格的继电器　　　　图 4-73　空调系统正常通风制冷

任务工单

新能源汽车无法制冷故障诊断

任务引入
客户反映自己车辆的空调系统无法制冷。假如你是一名新能源汽车维修技师,你将如何进行汽车空调系统无法制冷的故障诊断呢?
信息收集
(1)查阅电路图及相关维修资料,对空调系统电路图进行分析。 (2)查阅资料,绘制故障诊断流程图。
计划与决策
(1)小组成员针对任务内容制订工作计划,并展开讨论选出最佳方案。 (2)专业教师对各小组提交的工作计划进行点评。 (3)各小组成员根据专业教师的评价对工作计划进行调整,调整后的工作计划即为最终实施方案。
任务准备
1. 车辆作业前预检

车辆 VIN 码	
车辆外观	□正常　□划痕　□破损　其他说明＿＿＿＿＿＿＿＿＿＿
车辆内饰	□正常　□划痕　□破损　其他说明＿＿＿＿＿＿＿＿＿＿

2. 高压安全作业前期准备

名称	现有状况			应对策略		
绝缘手套	□正常	□破损	□脏污 □过期	□更换	□维修	□清洁
绝缘鞋	□正常	□破损	□脏污 □过期	□更换	□维修	□清洁
护目镜	□正常	□破损	□脏污 □过期	□更换	□维修	□清洁
安全帽	□正常	□破损	□脏污 □过期	□更换	□维修	□清洁
绝缘工具套装	□正常	□破损	□脏污 □过期	□更换	□维修	□清洁

续上表

名称	现有状况		应对策略		
绝缘地垫外观	□正常	□破损 □脏污 □过期	□更换	□维修	□清洁
绝缘地垫绝缘阻值	□正常	绝缘阻值_____	□更换		
隔离栏	□正常	□破损 □脏污	□更换	□维修	□清洁
警示牌	□正常	□破损 □脏污	□更换	□维修	□清洁
灭火器	□正常	□过期	□更换		

任务实施

1. 验证故障现象

验证故障现象	
组合仪表是否显示故障指示灯	□无 □有_____
连接故障诊断仪读取故障码	□无 □有_____
连接故障诊断仪读取数据流	(1) (2) (3) (4)

2. 明确故障症状

明确故障症状	(1)
	(2)
	(3)
	(4)

3. 推测故障原因

结合故障现象推测可能的原因（包含部件或电路等）	(1)
	(2)
	(3)
	(4)

4. 确认故障原因

（1）结合推测的故障原因进行诊断、检测。

序号	检测项目	检测方法	测试值	结果分析
1				□正常 □不正常
2				□正常 □不正常
3				□正常 □不正常
4				□正常 □不正常
5				□正常 □不正常
6				□正常 □不正常

续上表

(2)结合实车诊断与检测数据确认故障点。

| 故障点确认 | |

5. 标准作业维修

| 维修方案 | □更换　□维修　□调整 |
| 维修步骤 | |

6. 确认故障排除

故障现象	
仪表显示故障指示灯	□无 □有＿＿＿＿＿
故障诊断仪读取故障码	□无 □有＿＿＿＿＿
故障诊断仪读取数据流	(1) (2) (3) (4)

总结评价

请根据自己在任务实施中的实际表现进行自我评价。

自我评价：＿＿＿＿＿＿＿＿＿＿＿＿＿＿＿＿＿＿＿＿＿＿＿＿＿＿＿＿＿＿＿＿＿＿

＿＿

任务考核评价表

项目	评分标准	配分	得分
任务引入	明确工作任务（新能源汽车无法制冷故障诊断）	2	
信息收集	结合电路图对系统电路进行分析	5	
	绘制故障诊断流程图	5	
计划与决策	制订新能源汽车空调无法制冷故障诊断计划	5	
	结合最终计划能协同小组成员进行任务分工	5	
任务准备	完成车辆作业前预检	5	
	完成高压安全作业前期准备	5	
任务实施	验证故障现象	10	
	明确故障症状	10	
	推测可能原因	10	
	确定故障原因	10	
	标准作业维修	10	
	确认故障排除	10	
总结评价	所有工具完成复位	3	
	能够对自己在任务实施中的表现综合评价	5	
	总分	100	

项目四 新能源汽车常见故障诊断

任务 5 新能源汽车无法挂挡或行驶故障诊断

任务引入

客户反映自己的车辆无法挂挡，不能正常行驶。假如你是一名新能源汽车维修技师，你将如何进行汽车无法正常行驶的故障诊断呢？

任务要求

▶ **知识目标**

1. 了解新能源汽车高压行驶系统的主要部件；
2. 掌握新能源汽车无法挂挡故障的诊断方法；
3. 掌握新能源汽车无法行驶故障的诊断方法。

▶ **技能目标**

1. 能够正确分析新能源汽车高压行驶系统的控制逻辑；
2. 能够独立完成新能源汽车无法挂挡的故障诊断；
3. 能够独立完成新能源汽车无法行驶的故障诊断。

▶ **素养目标**

1. 培养学生的职业规范、安全意识和工匠精神；
2. 培养学生的职业道德和团队合作意识；
3. 培养学生的逻辑分析能力和自主学习能力。

知识储备

一、高压行驶系统

1. 高压行驶系统关键部件

驱动电机及驱动电机控制器是新能源汽车行驶系统中的核心元件，它对新能源汽车整车行驶的动力性、经济性、安全性、操纵稳定性都有重要影响，无论驱动电机还是驱动电机控制器哪一个出现故障都可能导致车辆无法正常行驶。

1）驱动电机

驱动电机主要为车辆行驶提供驱动力，是新能源汽车的动力装置，电机控制的能量传递路线如图4-74所示。

2）驱动电机控制器

驱动电机控制器采用CAN通信控制，控制着动力蓄电池组到电机之间能量的传输，同时采集电机位置信号和三相电流检测信号，精确地控制驱动电机运行。

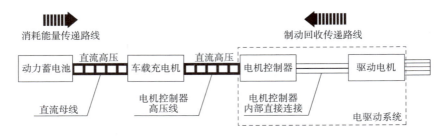

图 4-74 电机控制的能量传递路线

3）变速器

一方面变速器将驱动电机的动力传给驱动半轴,起到降低转速增大转矩的作用;另一方面满足汽车转弯及在不平路面上行驶时,左右驱动轮以不同的转速旋转,保证车辆的平稳运行。

4）电动真空泵

当助力系统真空度值低于设定值时,电子稳定控制系统控制电动真空泵工作,为真空助力器提供真空;当真空度值高于设定值时,电子稳定控制系统控制电动真空泵停止工作;真空度设定值会随着车速的变化而相应提高,在保证行车安全的前提下延长电动真空泵的使用寿命。

5）旋转变压器

旋转变压器能反映驱动电机转子当前的旋转相位,电机控制器再通过旋变信号计算当前的驱动电机转速。旋变转子与驱动电机转子同轴连接,随电机转轴旋转,旋变爪子内侧有感应线圈,安装在驱动电机定子上,驱动电机旋转时,带动旋变转子旋转,旋变器与电机控制器之间通过 6 根低压线束连接,6 根线中任何一根线路出现故障都会导致驱动电机无法正常工作。

6）电子换挡器

电子换挡器的主要作用是支持汽车换挡。它主要通过传感器将驾驶人的操作意图转化成电信号,再由换挡执行器驱动变速器的换挡轴进行挡位(P 挡、R 挡、N 挡、D 挡)切换(表 4-1)。

不同挡位的含义　　　　　　　　　　表 4-1

序号	挡位	使用说明
1	P（驻车挡）	电子换挡器处于该挡位时,会提供辅助驻车;车辆静止时,按下电子换挡器上的 P 挡按钮,车辆进入驻车挡（P）
2	D（前进挡）	正常行驶挡位
3	R（倒挡）	车辆向后行驶的挡位
4	N（空挡）	处于该挡位时,驱动电机无法输出动力,减速器也不会提供辅助驻车

2. 车辆行驶操作步骤

(1) 踩下制动踏板并保持不动,挡位换至前进挡(D),组合仪表上挡位将显示"D"。

(2) 解除电子驻车制动。

(3) 松开制动踏板,车辆开始蠕行;轻踩加速踏板,车辆开始行驶。

(4) 如果加速行驶,逐渐踩下加速踏板;如果匀速行驶,加速踏板应保持在一定开度。

(5) 如果制动,踩下制动踏板。

(6) 如果倒车,踩下制动踏板直至车辆停稳,并保持不动,将电子换挡器转至倒挡(R),

松开制动踏板,轻踩加速踏板,车辆开始倒车。

二、无法挂挡或行驶的主要故障及故障诊断流程

1. 引起无法行驶的主要故障

(1) 电子换挡器本身及线束故障。
(2) 驱动电机本身及线束故障。
(3) 驱动电机控制器本身及线束故障。
(4) 旋转变压器本身及线束故障。
(5) 电机温度传感器短路。
(6) 制动踏板开关断路故障。

2. 无法行驶的故障诊断流程

使用故障诊断仪进行车辆无法行驶的故障诊断流程如图4-75所示。

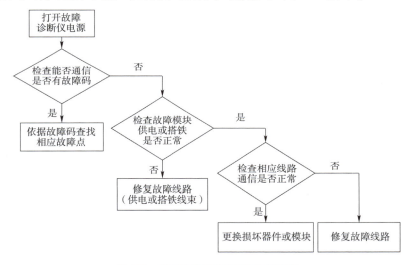

图4-75 使用故障诊断仪进行故障诊断

三、无法挂挡或行驶故障现象及故障原因分析

1. 车辆无法挂挡

1) 故障现象

起动车辆时,车辆能正常起动,READY指示灯点亮;但车辆无法挂挡,车辆无法行驶。

2) 故障原因分析

由于车辆仪表READY指示灯点亮,能正常上高压电,说明动力蓄电池、电机控制器、VCU等主要模块自检都能完成通过;但无法挂挡,通过对行驶系统相关模块的分析,可能产生这种故障现象的原因主要是电子换挡器元件及相关线路故障。

3) 故障诊断方法

引起车辆无法行驶的原因很多,无法仅凭人工经验锁定故障点,需借助诊断仪来进一步

明确故障范围。

（1）连接故障诊断仪，打开故障诊断仪电源，选择自动扫描，读取故障码并分析数据流，故障码显示电子换挡器故障。

（2）检查电子换挡器的供电电源是否正常，搭铁是否正常，若不正常，检查电子换挡器的线束连接器是否损坏、是否存在断路；若正常，检查电子换挡器相关线路熔断丝是否正常，断开低压蓄电池负极电缆，用熔断丝夹子拆下熔断丝，应用电阻法来识别熔断丝是否熔断，若熔断丝损坏，则更换同规格的熔断丝。

（3）若均正常，检查电子换挡器本身是否存在故障，若存在故障，则更换电子换挡器元件，更换后重新起动车辆，检测车辆能否正常挂挡，能否正常行驶。

2.车辆无法行驶

1）故障现象

起动车辆时，车辆能正常起动，组合仪表 READY 指示灯点亮，但挂挡后，车辆无法行驶。

2）故障原因分析

由于车辆仪表 READY 指示灯点亮，能正常上高压电，说明动力蓄电池、电机控制器、VCU 等主要模块自检都能完成通过。但挂挡后车辆无法行驶，通过对行驶系统相关模块的分析，可能产生这种故障现象的原因如下：

（1）驱动电机旋转变压器损坏。

（2）驱动电机旋转变压器线路故障。

（3）驱动电机故障。

（4）驱动电机控制器元件及线束故障。

3）故障诊断方法

引起车辆无法行驶的原因很多，无法仅凭人工经验锁定故障点，需借助诊断仪来进一步明确故障范围。

（1）连接故障诊断仪，打开故障诊断仪电源，选择自动扫描，读取故障码并分析数据流。

（2）若驱动电机旋转变压器信号异常，都会导致车辆无法正常行驶，结合相关电路图进行分析，检查驱动电机旋转变压器的线路，旋转变压器的信号线路存在断路，则修复损坏的线束，修复后对车辆进行高压起动，检查车辆能否正常起动，能否正常行驶。

综合实践

电子换挡器线束连接器松动导致无法挂挡故障诊断

一、准备工作

（1）实训场地：新能源汽车整车实训室（理实一体化实训室）。

（2）工具及车辆：作业工具套装、高压防护用具、检测工具、新能源汽车等。

（3）辅助资料：车辆维修手册、教材等。

二、实施步骤

某吉利几何 A-Pro 车主反映：起动车辆后，挡位显示器上挡位指示灯均未点亮，组合仪表 P 挡指示灯频繁闪烁，无法实现挂挡，车辆无法行驶。

下面按照故障诊断六步法进行行驶故障诊断。

1. 验证故障现象

（1）将智能钥匙放在车辆中央扶手储物盒内，按下起动开关，组合仪表点亮，P 挡指示灯频繁闪烁（图 4-76、图 4-77）。

无法挂挡故障

图 4-76 挡位控制器的 P 挡指示灯不亮

图 4-77 组合仪表 P 挡指示灯频繁闪烁

（2）踩下制动踏板，再次按下起动开关，观察上高压电情况，通过观察组合仪表 READY 指示灯点亮，但 P 挡指示灯频繁闪烁，同时挡位显示器上挡位指示灯均未点亮，无法实现挂挡（图 4-78）。

2. 明确故障症状

经过对故障现象的验证，明确车辆故障症状为：起动车辆后，组合仪表 P 挡指示灯频繁闪烁，挡位显示器上挡位指示灯均未点亮，车辆无法挂挡，车辆无法行驶。

图 4-78 组合仪表 READY 灯点亮但 P 挡指示灯频繁闪烁

3. 推测可能原因

由于挡位显示器指示灯不亮，且无法挂挡，说明挡位控制处于无法工作状态，因此，很大程度上是电子换挡器的控制元件或者供电搭铁及通信线路出现故障。为了进一步明确故障范围，为排出故障指明方向，需要借助故障诊断仪进行辅助确认。连接故障诊断仪，读取故障码及数据流，显示故障码为 U010387，即电子换挡器模块通信丢失（图 4-79）。结合故障码进行分析，电子换挡器模块无法通信，其余模块通信正常，而模块能够正常通信需要包括：电源供电正常、搭铁良好、通信线路良好、电子换挡器本身模块完好，因此可以从以上 4 个方面进行检查。

4. 确定故障原因

（1）打开室内熔断丝盒盖，拔下电子换挡器熔断丝，经检测其电阻值在正常范围内，说明正常。

(2)使用专用工具撬开中央储物盒盖板,检查电子换挡器线束连接器,经检查电子换挡器线束连接器松动,导致线路断路(图4-80)。

图4-79 故障诊断仪显示的故障码

图4-80 电子换挡器线束连接器松动

5. 标准作业维修

按照标准作业流程进行电子换挡器线束连接器连接,完成修复(图4-81)。

6. 确认故障排除

重新对车辆进行起动,可以正常挂挡,车辆正常高压起动,如图4-82所示。

图4-81 修复电子换挡器线束连接器

图4-82 车辆正常高压起动

新能源汽车无法行驶故障诊断

任务引入
客户反映自己的车辆无法挂挡,不能正常行驶。假如你是一名新能源汽车维修技师,你将如何进行汽车无法正常行驶的故障诊断呢?
信息收集
(1)查阅电路图及相关维修资料,对电子换挡器系统电路图进行分析。 (2)查阅资料,绘制故障诊断流程图。

续上表

计划与决策
（1）小组成员针对任务内容制订工作计划，并展开讨论选出最佳方案。 （2）专业教师对各小组提交的工作计划进行点评。 （3）各小组成员根据专业教师的评价对工作计划进行调整，调整后的工作计划即为最终实施方案。
任务准备
1. 车辆作业前预检

车辆 VIN 码	
车辆外观	□正常　□划痕　□破损　其他说明_____
车辆内饰	□正常　□划痕　□破损　其他说明_____

2. 高压安全作业前期准备

名称	现有状况		应对策略		
绝缘手套	□正常	□破损□脏污□过期	□更换	□维修	□清洁
绝缘鞋	□正常	□破损□脏污□过期	□更换	□维修	□清洁
护目镜	□正常	□破损□脏污□过期	□更换	□维修	□清洁
安全帽	□正常	□破损□脏污□过期	□更换	□维修	□清洁
绝缘工具套装	□正常	□破损□脏污□过期	□更换	□维修	□清洁
绝缘地垫外观	□正常	□破损□脏污□过期	□更换	□维修	□清洁
绝缘地垫绝缘阻值	□正常	绝缘阻值_____	□更换		
隔离栏	□正常	□破损□脏污	□更换	□维修	□清洁
警示牌	□正常	□破损□脏污	□更换	□维修	□清洁
灭火器	□正常	□过期	□更换		

任务实施
1. 验证故障现象

验证故障现象	
组合仪表是否 显示故障指示灯	□无 □有_____
连接故障诊断仪 读取故障码	□无 □有_____
连接故障诊断仪 读取数据流	（1） （2） （3） （4）

2. 明确故障症状

明确故障症状	（1）
	（2）
	（3）
	（4）

续上表

3. 推测故障原因

结合故障现象 推测可能的原因 （包含部件或电路等）	（1）
	（2）
	（3）
	（4）

4. 确认故障原因

（1）结合推测的故障原因进行诊断、检测。

序号	检测项目	检测方法	测试值	结果分析
1				□正常 □不正常
2				□正常 □不正常
3				□正常 □不正常
4				□正常 □不正常
5				□正常 □不正常
6				□正常 □不正常

（2）结合实车诊断与检测数据确认故障点。

故障点确认	

5. 标准作业维修

维修方案	□更换　□维修　□调整
维修步骤	

6. 确认故障排除

故障现象	
仪表显示 故障指示灯	□无 □有_____
故障诊断仪 读取故障码	□无 □有_____
故障诊断仪 读取数据流	（1）
	（2）
	（3）
	（4）
	（5）
	（6）

续上表

总结评价			
请根据自己在任务实施中的实际表现进行自我评价。 自我评价：_____ _____			
任务考核评价表			
项目	评分标准	配分	得分
任务引入	明确工作任务（新能源汽车无法行驶故障诊断）	2	
信息收集	结合电路图对系统电路进行分析	5	
	绘制故障诊断流程图	5	
计划与决策	制订新能源汽车无法正常行驶故障诊断计划	5	
	结合最终计划能协同小组成员进行任务分工	5	
任务准备	完成车辆作业前预检	5	
	完成高压安全作业前期准备	5	
任务实施	验证故障现象	10	
	明确故障症状	10	
	推测可能原因	10	
	确定故障原因	10	
	标准作业维修	10	
	确认故障排除	10	
总结评价	所有工具完成复位	3	
	能够对自己在任务实施中的表现综合评价	5	
	总分	100	

学习测验

（1）可以通过_____来判断完成上低压电。

（2）可以通过_____来判断完成上高压电。

（3）交流充电接口的 CC 代表_____，CP 代表_____。

（4）直流充电接口的 DC+ 代表_____，S+ 代表_____。

（5）_____及_____是新能源汽车行驶系统中的核心元件，它对新能源汽车整车行驶的动力性、经济性、安全性、操纵稳定性都有重要影响，无论驱动电机还是驱动电机控制器哪一个出现故障都可能导致车辆无法正常行驶。

（6）判断题：旋变器与电机控制器之间通过 6 根低压线束连接，6 根线中任何一根线路出现故障不会导致驱动电机无法正常工作。　　　　　　　　　　　　　　（　　）

参 考 文 献

[1] 项菲菲,王琛,赵永刚. 新能源汽车维护与故障诊断[M]. 2版. 北京:航空工业出版社,2022.

[2] 荆红伟,熊其兴,郝玉莲. 新能源汽车维护与保养[M]. 2版. 北京:航空工业出版社,2022.

[3] 夏令伟. 新能源汽车维护与检测诊断[M]. 北京:人民交通出版社股份有限公司,2018.

[4] 包科杰,李健. 新能源汽车维护与故障诊断[M]. 2版. 北京:人民交通出版社股份有限公司,2022.

[5] 吴书龙,金传琦,薛超仁. 新能源汽车维护技术[M]. 上海:同济大学出版社,2022.

[6] 宋光辉,陈东. 新能源汽车维护与故障诊断[M]. 北京:机械工业出版社,2018.

[7] 焦传君,何英俊. 新能源汽车使用与维护[M]. 北京:机械工业出版社,2019.

[8] 黄仁义,鲁守卿,闫云敬. 纯电动汽车维护与保养[M]. 成都:电子科技大学出版社,2019.

[9] 张珠让,尤元婷. 电动汽车维护保养[M]. 北京:机械工业出版社,2019.

[10] 王强,李楷,孙兵凡. 新能源汽车维护与故障诊断[M]. 北京:机械工业出版社,2022.

[11] 林康,吴荣辉. 新能源汽车维护与故障诊断[M]. 北京:机械工业出版社,2022.

[12] 蔡兵,永强. 新能源汽车维护与保养[M]. 北京:机械工业出版社,2022.